矢野耕平

LINEで子どもがバカになる

「日本語」大崩壊

講談社+α新書
プラスアルファ

まえがき

最近の子どもたちの使う日本語はおかしい。

学校の教員だけではない。わたしのような塾講師、そして親たちも、そう考えている。

でも、本当に子どもたちの日本語は崩壊の一途をたどっているのだろうか。

わたしたちが若い頃だって当時の大人たちから同じようなことを指摘されていた。

エジプトのピラミッドの内壁に刻まれていた文字を解読したら、「今時の若者はなっとらん」という愚痴だったらしい。また、古事記の序第一段には「昔に比べて今の人たちにはモラルがない」という嘆きが綴《つづ》られていたとか。いつの時代も、年長者は若い衆に「一家言」を持っているもの。ひょっとすると、子どもたちの日本語がおかしくなっているという嘆きはそれと同種で、上の世代の勝手な思い込みではないか。

実際、子どもたちの日本語運用能力が低下しているという「定点観測」に基づくデータは無いに等しい。むしろ、漢字の読み書きは二〇年前〜三〇年前と比較すると現代の子どもたちのほうが優れているというデータがある。

それでも、いまの子どもたちの日本語に危険信号が灯っているのだ。学習塾で二〇年以上、国語を指導しているわたしはそのように感じざるを得ない。

いや、日本語云々以前に子どもたちの様子が何だかおかしいのだ。

子どもたちと話をしていると、その目の奥底に何も見えず、内心こちらが戸惑ってしまうことがとみに多くなった。

電車に乗れば、おとなしくしているようにと親からタブレット端末を渡された幼児がニコリともせず、眉間《みけん》に皺を寄せてその画面に見入っている。あたかも通勤ラッシュにもまれている大人のような表情だ。

公園に行けば、友人同士が何人かで寄り添いながら、何のことばも発することなく、黙々と携帯ゲームに興じている。

今回、この書籍を執筆しようと思い立ったのは、この何だかおかしな様子の子どもたちを「日本語運用能力」という観点から解き明かすことができないだろうかと考えたからだ。

執筆にあたり様々な人たちに取材を試みた。

その中でこんなことばに出合った。

「子どもたちが持っていることばの総量は、昔と比べて劣ってはいない。むしろ、膨大な情報に囲まれているぶん、語彙《ごい》量は増えているのではないか。しかしながら、最近の子どもたちは『和語』に弱くなっていると感じている。これは、わたしたちが当たり前と考えていた文化、環境がいまはかなり変わってしまっていることが原因かもしれない」

わたしが子どもたちに抱いているモヤモヤがちょっと晴れたように感じた瞬間であった。

少し古いが、河合塾で主として大学受験科生を対象にした入塾時の「学力診断テスト」のデータが公開されていた。一九九六年と二〇〇四年に同一の国語の試験を実施し、その得点状況を比較している。母集団の層が同一のレベルとは限らず、正確なデータとは断言できない。しかし、ここに子どもたちの実に興味深い「変化」があらわれていたのだ。

これによると、子どもたちの「読解力」「論理的思考力」にはさほど変化が見られないとしているが、「語句・慣用句」という基礎知識の正答率がかなり低下しているらしい。

このデータは先の指摘を裏付けている。

わたしが子どもたちの様子に不安を抱き、また、子どもたちの日本語力が低下していると懸念しているその原因は、子どもたちの置かれた環境がかつてと変わったことなのではないかと思い至ったのである。つまり、わたしたちの世代と比して、いまの子どもたちの日本語運用能力は、質的に偏《かたよ》りがみられるということだ。読解力がさほど変化していないにもかかわらず、最近の子どもたちが「語句・慣用句」に弱いという先のデータはその好例であろう。

「語句・慣用句」を不得手にする子どもたちが増加しているのは、教育現場の指導力が落ちているからではない。それを不得手にさせる何かしらの新たに出現した環境が子どもたちを取り巻いているのである。

そんなことを考えていると、子どもたちの日本語に異変が起きているその原因が見る見るうちに浮かび上がってきた。ＬＩＮＥをはじめとしたＳＮＳの隆盛、家族形態や住環境の変化、英語教育の早期化など……。

そして、それらを調べていくうちに、現代は子どもたちの使用する日本語を崩壊させる危険に満ちていることが判明したのだ。

それらを一つひとつ紹介しつつ、いまの子どもたちに失われつつある日本語運用能力、及び、それを取り戻すための解決策を提示していきたい。

目次◉LINEで子どもがバカになる――「日本語」大崩壊

第二章　「敬語」が使えない

第三章　「比喩」が理解できない

第一章　便利さと引き換えに失ったもの

一〇代の半数以上が使っている

ある平日の午後、わたしはファーストフード店で遅めのランチをとっていた。学校帰りと思しき男子高校生四人が隣席のテーブルに集っている。が、その光景を目にしたわたしは違和感を抱いたのだ。

彼らは会話に興じることが一切なく、そして、表情を変えることもなく、全員が片手に持ったスマートフォンを一様に、かつ黙々といじっている。沈黙が何分続いたのだろう……その中の一人がぼそっと呟く。

「ああ、メンドくせ。こいつグループから外そっかなあ……」

そう、彼らが脇目も振らずに操作していたのはコミュニケーションアプリの「LINE《ライン》」である。

日経BPコンサルティングがまとめた「携帯電話・スマートフォン〝個人利用〟実態調査二〇一五」によると、日本国内のスマートフォンの普及率は四九・七％であり、前年調査の三六・九％から一気に伸長している。また、総務省が二〇一五年に発表した「平成二六年（二〇一四年）情報通信メディアの利用時間と情報行動に関する調査報告書」によると、一〇代のスマートフォンの普及率は六八・六％、二〇代にいたっては九四・一％と高い数値となり、若年層ではスマートフォンを持つのはいまや当たり前となっている。

そして、ＭＭＤ（モバイル・マーケティング・データ）研究所の「二〇一五年版　スマートフォン利用者実態調査」の集計を見ると、スマートフォン所有者のうちＬＩＮＥの利用率は一〇代で九六・九％、二〇代で九三・八％となっている。スマートフォン所有者＝ＬＩＮＥ利用者であると言っても差し支えないのである。

実際に、わたしの経営する中学受験専門塾に遊びに来た中学校一年生の卒塾生に尋ねると、彼ら彼女たちの通う私立中学校内のスマートフォン所有者は八〇～九〇％に上るという。また、そのうちのほとんどがＬＩＮＥのヘビーユーザーであるそうだ。無料であることに加え、いまは電話やメールに代わる友人たちとの主要な連絡ツールになっているのだから、ＬＩＮＥの普及率が高いのは当然のことだ。

ＬＩＮＥとはどのようなものなのだろうか。多くの人がご存じだとは思うが、まずは基礎的な説明をしたい。

ＬＩＮＥとは韓国のＩＴ企業「ＮＨＮ」の日本法人「ＬＩＮＥ株式会社」が提供している

スマートフォン、ガラケー（フィーチャーフォン）、パソコンに対応したコミュニケーションアプリである。端的に言うと、友人同士でやり取りをするための無料コミュニケーションツールである。「トーク（チャット）」や「通話」が無料で楽しめるのだ。既存の電子メールでのプライベートなやり取りのほとんどは、いまやこのＬＩＮＥ上のトークにとって代わられている。もちろん、ＬＩＮＥでは撮影した画像などを相互に共有することも可能だ。

ＬＩＮＥのトーク機能の特徴として、文字や絵文字以外にスタンプと言われるものがあり、様々なバリエーションの動作や表情などを具現化した画像（アニメーションやイラスト）がボタン一つで送信できる。

さらに、そこには「グループ機能」を付けることができる。たとえば、同じクラスの友人、同じ部活動の友人、塾での友人などのグループごとにトークルームを開設することが可能である。基本的に（不正なアクセスがなければ）他者からそのトーク内容を覗《のぞ》かれることはない。参加メンバーによるいわば「連絡網」としてこのグループ機能は利用されている。ある女子大生に聞いたところ、彼女は約五〇のグループをＬＩＮＥ内に設けているとか。彼女の知り合いの中には一〇〇を超えるグループを使い分けている人もいるらしい。

広がるスマホ依存症

一九八五年のこと、日本で初となる携帯電話のレンタルサービスがＮＴＴで始まった。その名も「ショルダーホン」（車外兼用型自動車電話）。肩掛けベルトを付けて持ち歩くスタイルであり、本体の重量は約三キロもあったそうだ。この電話機の試作段階で、日航ジャンボ機墜落事故が起き、五〇台ほどのショルダーホンが群馬県の御巣鷹山《おすたかやま》に運びこまれたことは当時、大きな話題となった。

しかし、このショルダーホンは高額なレンタル料、その重量がネックとなり、市場に多く出回ることはなかった。

それから約三〇年の月日が流れたいまはどうだろう。街を行き交う人々の多くはスマートフォンを手にしている。電車に乗れば、読書をしている人よりもスマートフォンを操作している人のほうが圧倒的に多い。

「スマートフォン依存症」などということばが生まれ、四六時中スマートフォンを手放せなくなる現代人が増えているという。

二〇一六年一月二七日には思わずことばを失うこんなニュースが飛び込んできた。

〈ながらスマホで山手線運転　乗客注意でポケットに
JR東日本は27日、男性運転士（41）が同日未明に山手線を運転しながら、私物のスマートフォンを使っていたと発表した。運転士はゲームの攻略サイトの動画を見ており、乗客に注意されてポケットにしまったというが、JR東は乗務から外し処分を検討する。
JR東によると、運転士は27日午前0時45分ごろ、山手線外回りの田端駅停車中にかばんからスマホを取り出し使用を始めた。運転中は左手でハンドルを操作、右手にスマホを握りながら指さし確認していた〉（産経ニュースより）

現代においてスマートフォンは老若男女問わず、広く普及している。

携帯電話を子どもたちが手にするようになったころ、わたしは学習塾の国語講師という立場から、「子どもたちが見知らぬ大人と直《じか》に話をする機会が減ってしまう。子どもたちのことばがより乱暴になってしまうのではないか」という危惧を抱いた。

それまでの固定電話であれば、友人とコンタクトをとる際、その友人の「親」という第三者を通じてやり取りをすることが多かった。友人の親に好印象を抱いてもらえれば、その後のコンタクトが楽になる。それで、わたしたちはその第三者と話をする際、丁寧なことば遣いで会話するよう精一杯努めたものだ。その教育的機会が携帯電話の登場によって子どもたちから奪われてしまったのだ。

しかも、ガラケーからスマートフォンに移行することで、問題はそれだけに留まらなくなってきた。日本語の根本的な運用能力に支障をきたす子どもたちが一気に増えてきたのである。

「LINE化」する会話

二〇一六年一月のこと。女性タレント（三〇代前半）と人気バンドのボーカリスト（二〇代後半）との不倫が「週刊文春」で報じられ話題となった。その週刊誌では（どうやって入手したのかは定かでないが）流出した二人のLINE内でのやり取りを掲載していた。その内容の一部を引用してみよう。

男性〈何もない時に〇〇ちゃんと出会えてたら良かったのになとか考えちゃう　たられば だけど　神様は割と試練を与えたがる〉

女性〈私は何もない時に××ちゃんと出会えてラッキーくらいに思えてるけど…〉
男性〈うん〉
女性〈逆にいいタイミングで出会えた感、ある気が〉
男性〈○○ちゃんがそう思うのなら良かった〉（中略）
〈話し合いしてた。あんまり話し合いせずに待った方がいいのかもしれない。感情的になってしまうから。時間かかってしまうけどちゃんと卒論書くから待ってて欲しいな。こんな感じで待たせるのは本当に心苦しいけど、待ってて欲しい〉
女性〈大丈夫だよ！　待ってる☻　だから××ちゃんも待ってあげて。大丈夫だよ！　卒論提出できたら、××ちゃんにいっぱいワガママ聞いてもらおうっと！笑〉

ちなみに、文中に登場する「卒論」とは「離婚届」を意味するらしい。

このＬＩＮＥ内容が暴露されたにもかかわらず、その後、女性が謝罪会見をする前日に交わした二人のＬＩＮＥでのやり取りが再び流出し、同誌に晒《さら》されることになる。

女性〈友達で押し通す予定！笑〉（筆者註：謝罪会見に向けての発言と思われる）

男性〈逆に堂々とできるキッカケになるかも〉
女性〈私はそう思ってるよ！〉
男性〈よし！〉
女性〈そうとしか思えない。〉
男性〈ありがとう文春！〉
女性〈オフィシャルになるだけ！〉
　　〈ありがとう文春！〉
男性〈感謝しよう〉
女性〈うん！〉
　　〈それに不倫じゃありません！〉
男性〈うん！〉
女性〈略奪でもありません！〉
男性〈うん！〉
女性〈センテンス　スプリング！〉

この一連のやり取りをみて何か感じることはないだろうか。

そう、直截《ちょくせつ》的に申し上げると、頭の弱い中学生レベルの会話である。

わたしはこの男女の教養レベルが低いとは決して思わない。実際に、男性は理系の国立大学の大学院まで進学した秀才であり、独創的な歌詞はなかなか魅力的である。一方、女性は海千山千の芸能界を長年生き抜き、確かなポジションを獲得していたことから、彼女のコミュニケーション能力とその知性は高いレベルにあると断じて間違いはない。

では、そんな二人がどうしてLINE内では幼稚とも形容できる無防備な会話を交わしているのだろうか。

LINEは閉鎖的な空間を構築することができる。言い換えれば、内輪の言語のみで成立する場なのである。そのため、第三者を意識しないで済み、会話内容がいつの間にか稚拙《ちせつ》なものになってしまうのだ。

この男女のように、ことばの基盤がしっかりしている大人であれば何の問題もない（不倫は問題かもしれないが）。わたしが危惧しているのは、小中高生の「生《なま》の会話」がLINE化していることである。語彙力も十分に備わっていない子どもたちがLINEにどっぷりと浸っかってしまうと、彼ら彼女たちの日常会話にまで、その内輪的な感覚が持ちこまれてしまうのだ。

ここからは、幾つかの実例を挙げつつ、ＬＩＮＥが子どもたちの日本語運用能力に及ぼす悪影響について論じていきたい。

「キモい」「ウザい」「ヤバい」

これはわたしが小学校六年生の生徒を指導したときの話。ある女生徒とのやりとりを再現しよう。

わたし「この物語文の主題は『恋』なんだね。男の子は女の子に比べると精神的に幼い場合が多い。だからこそ、ここで主人公の少年は好きな女の子にわざと意地悪な言動をとってしまうんだ」

女生徒「えー、①キモっ」

わたし「その言動の裏側にはその女の子の『気を引きたい』という思いがあるんだよ」

女生徒「やっぱ②キモい」

わたし「すぐにキモいって言わないこと。で、この問題は解けていたの？」
女生徒「まちがえちゃったー」
わたし「登場人物の言動をていねいにチェックして問題を解かないと、なかなか正解にはたどり着けないよ。ま、この問題はかなり難しいレベルだけどね」
女生徒「うぇっ……③キモっ」
わたし「でも、これぐらいのレベルの問題に対応できないと、なかなか志望校合格には近づけないよ。難しいからってすぐにあきらめたらダメだよ」
女生徒「この問題④キモい。受験って大変だなー」

一見創作にみえてしまいそうな例だが、実際の会話である。女生徒の発言は、かなり心情表現に乏しいことがわかるだろう。先に挙げた男女のＬＩＮＥにおける会話と何だか一脈通じるところがあるように感じられてならない。

さて、この女生徒は心情を表すことばとして「キモい」を連発している。

子どもたちを観察していて思い当たる節のある人が多いのではないだろうか。昨今、子どもたちの心情表現が加速度的に貧しくなっているのだ。

小学生の子どもたちに国語を日々指導していると、わたしは彼ら彼女たちが心情を表す際に好んで使う三つのことばをよく耳にする。


「キモい」

「ウザい」

「ヤバい」


「キモい」「ウザい」はマイナスの感情を示す場合に、「ヤバい」についてはプラスの感情を表す際に使われることが多い。

先の例に戻ろう。女生徒は「キモい」ということばを四度発していたが、果たしてそのすべてが全く同じ感情を表しているのだろうか。

そうではない。

四度の「キモい」それぞれに対応する、いわば「近似値」となる心情表現が日本語にはちゃんと存在している。

たとえば、

①は「煩わしい／うんざりする」など。

②は「不愉快だ／不快だ」など、あるいは「呆れる／啞然とする／仰天する」などでもよいかもしれない。

③は難しい問題に対して顔をしかめているわけなので、「つらい／げんなりする／嫌悪する」などが適当だ。

最後の④については受験の大変さを身に染みて感じているわけなので、「へこたれる／意気消沈する／打ちのめされる／心が折れる」などのことばを当てることができる。

日本語は他言語と比較して心情表現が多彩だと言われている。いま述べた「キモい」という心情表現を細分化すると、そこに多くのことばが存在していることからも理解できるだろう。

ぜひ、子どもたちと一緒に次の問題に取り組んでみてほしい。

この問題で子どもが悪戦苦闘するようなら、看過できない事態が心の内に起こっていると考えられる。

問　次の文の——線部に最も近い「心情表現」をア〜ウの中から選び、記号で答えなさい。

①ぼくがあれだけ時間をかけても全く理解のできなかった難問を彼はたったの三分で正解できたので、ぼくは彼に対してつっけんどんにふるまってしまった。

ア　いきがる　イ　大らかだ　ウ　妬《ねた》む

②母に年齢をたずねても、「ええ、何のこと?」とニコニコ笑っているだけで、本当のところを全然教えようとしてくれない。

ア　はぐらかす　イ　皮肉る　ウ　取り乱す

③将棋の対戦相手が幼稚園児だったので、全く集中せずに将棋を指していたら、なんとものの数十分で敗北してしまった。

ア　あなどる　イ　おもんぱかる　ウ　邪悪だ

④お金に困っていたところ、道を歩いていたら一万円札が落ちていた。わたしはそれを懐にいれるか交番に届けるかで、心が揺れていた。
ア　辟易《へきえき》　イ　悶々　ウ　葛藤

⑤どうせわたしなんて何をやったって上手くいかないのだから……などと思いこみ、積極的に行動しないのはあなたのよくないところだよ。
ア　揶揄《やゆ》　イ　屈折　ウ　無常

すべて自信を持って解答できただろうか。
正解を発表しよう。

（解答）①　ウ　②　ア　③　ア　④　ウ　⑤　イ

ほんの一例ではあるが、心情を表すことばが日本語に多く存在することを理解してもらえるだろう。

それでは、なぜ日本には多くの心情表現が存在するのだろうか。

これは私見ではあるが、一つは日本が四季の変化に富んだ風光明媚《ふうこうめいび》な自然を有している点が挙げられるだろう。

美しい自然や、ときには人々を畏怖《いふ》させる自然に対し、それらに抱いた思いを様々なことばで表現しようと努めたのではないか。

もう一つには、狭い国土の七割以上を山岳地帯が占めることに起因していると考える。つまり、古来より人々は限られた土地（平野や台地）に集まって生活せざるを得ず、そのため隣人と接する機会が多くなる。よって互いの意思疎通を図るための心情表現が数多く生まれたのだろう。

実際、言語学者の金田一春彦氏は著書『日本語 新版（上）』（岩波新書）の中でこう言及している。

〈日本語では、心理内容を表わす感情関係の語彙は実に豊富である。（中略）微妙な心理の動きを表わす語彙は日本語にいくらでもあり、これはフランス語やスペイン語に訳し分けられないと言われても、そうだろうと思う〉

　また、金田一氏は同書の中で日本語の「気」を用いたさまざまな慣用表現（たとえば、「気にかける」「気に障《さわ》る」など）は外国人から理解されにくいこと、加えて日本独自の感情を示す語彙が豊富であることを紹介している。たとえば、「悔しい」「懐かしい」などを外国語に訳すのはかなり難しいという。

　しかし、いまの子どもたちがそういう豊富な感情表現を学ばず、「キモい」「ウザい」「ヤバい」といった限定されたことばを使い続けることは、若年層から細やかな感情を奪うことになる。

　そして、その主犯はＬＩＮＥにおける「スタンプ」「絵文字」にあるとわたしは睨《にら》んでいる。

スタンプ多用で「サル化」する

　ＬＩＮＥの画面を呼び出せる人はいますぐ開いてほしい。

　画面下部の入力欄に「嬉しい」と入力してみよう。すると、嬉しさを表すスタンプが約八〇個出てくる。ほかにも「悲しい」「楽しい」「可愛い」「怪しい」「寂しい」「怖い」「ヤバい」「つまらない」「怒る」「焦る」「安心」「幸せ」「むかつく」「照れる」「驚く」「困る」などのことばを入力すると、数の違いはあれどやはりその心情に対応したスタンプが自動的にあらわれる。

しかし、次のような心情表現を文字入力するとそうはいかなくなる。

たとえば、「疑わしい」「みっともない」「いまいましい」「愛おしい」「心地よい」「不甲斐ない」「懐かしい」「誇らしい」「切ない」「惨め」「哀れ」「不快」「滑稽《こっけい》」「羨《うらや》む」「憤る」「感心（感嘆）する」「決心する」「動揺する」など……。どれも、日常会話で用いる基本的な心情表現と言えるだろう。だが、ＬＩＮＥのスタンプがあらわれることはない。

よって、ＬＩＮＥのトーク機能でスタンプ、絵文字を多用している人は極めて限られたことばしか入力しないようになる。これから教養を培うはずの子どもたちがＬＩＮＥ漬けになっていたら、使用する心情表現が限られたことばのみになってしまうのだ。

聞くところによると、最近の中高生の中には課題作文の中で堂々と「顔文字」「絵文字」を書き込む子どもがいるとか……。

当たり前の話だが、人間はことばで思考する動物だ。ことばを用いずに深く物事を考えることはできない。ことばが豊かな人は複層的な思考回路をもって物事に処することができる。逆に手持ちの語彙が貧困であれば、物事を浅いレベルでしかとらえることができなくなってしまう。

それでも、子どもたちはスタンプの使用をやめられない。高校生の女子に聞くと、相手の問いかけに対し、否定的なことばを発しそうになる自分を制御するとき、あるいは即答できなくて、その場を取り繕おうとするとき、スタンプについ依存してしまうという。

「だって、ことばにしてはいけない、ことばにならないときってあるじゃないですか。それで苦肉の策としてスタンプを使うんです。そう考えると、『間を持たす』働きのあるスタンプって優れていますよね」

彼女のLINE上は、自身の、また相手のスタンプで溢《あふ》れかえっている。

古来、原始人は洞窟の中に絵を描いて、他者と意思疎通を図ろうと試みた。

その後、気の遠くなるような長い時間を経て、人は文字を生み出した。

そのように考えると、いまの子どもたちが「スタンプ漬け」になっているのは、文字以前の世界、原始人のコミュニケーションへと退行しているのではないか。このままいくと、原始人以前、つまり、子どもたちは「サル化」していくのかもしれない……。

さらに、心情表現に絞って持論を展開しよう。

一般的には「感情がことばを生み出す」とされている。すなわち、未分化の感情を抽象化し、それぞれに対応するように用意されたことばが「心情表現」であるという考えだ。

だが、「ことばが感情を生み出す」という逆のパターンも考えられないだろうか。わたしは、その心情表現を知っているからこそ当人が意識できる、あるいは獲得できる心情があると確信している。

たとえば、「やるせない」ということばがある。これは「遣る瀬無い《やせな》」と表記するもので、語源は「川の向こう岸に船を停泊させたいものの、適当な場所が全く見当たらず自分ではどうしようもないこと」である。ここから「思いを晴らすすべがなくて、切なくつらくどうしようもない」という意味になった。もしも、この「やるせない」という語彙を身につけていなければ、自分がやるせない状況に置かれていること、それ自体を明確に意識することが難しくなる。

神戸女学院大学名誉教授の内田樹氏は精神科医・名越康文氏との共著『14歳の子を持つ親

たちへ』(新潮新書)の中で「むかつく」を連呼する女の子に対して次のような指摘をしている。

〈目の前で事件が経時的な変化を伴って起きているわけですから、その揺らぎとか不安とか怒りとか、色々感情の変化って実際にはあるはずですよね。でも、その経時的変化を形容する言葉がないんです。使える言葉がただ一つしかない。(中略)この女の子にだって、感情の濃淡があるはずなんです。でも、その感情を個別的に表現していくような語彙がない。だから結果として、感情そのものも貧しくならざるを得ない〉

手持ちの心情表現が多ければ多いほど自身の心の動きの微細を意識することができる、つまり「豊かな感情」を手に入れられるのだ。わたしはこれまで数多くの子どもたちの受験指導をしているが、語彙が豊富な子どもほど、その感情の表出、表情が彩《いろど》り豊かであると実感している。

反対に、手持ちの心情表現が少なければ少ないほど感情そのものが貧しくなってしまうのではないか。手厳しい言い方をすると、他者から見たときに無表情な人間だと思われてしまう可能性すらある。わたしはこういう状態を「フィーリングプア」と名付けている。

ノンフィクション作家の柳田邦男氏は『言葉の力、生きる力』（新潮文庫）の中で、『フランダースの犬』を自分が評価したことに対して児童文学者に批判されたケースを取り上げ、こう述べている。

〈私は戸惑った。少年時代に他者の不幸に悲しみを感じ涙を流すという経験をするのを排除して、「明るく、楽しく、強く」という価値観だけを押しつけると、その子の感性も感情生活も乾いたものになってしまうと、私は考えているからだ〉

柳田氏が危惧したことは現代においてさらに深刻なものになっていると言えよう。

子どもがＬＩＮＥのスタンプや絵文字、顔文字に依存しきってしまい、身に纏《まと》うべき語彙を疎《おろそ》かにすると、プラスの感情、マイナスの感情ともにその表出の手立てを知らない「フィーリングプア」の状態に陥ってしまう。そして、その結果として他者とのコミュニケーションに大きな支障をきたす危険性があるのだ。

事はそれだけに留まらない。

横浜国立大学教育人間科学部教授の髙木まさき氏は、ＬＩＮＥの使用はことばの意味を単純化するのではないかと指摘する。

「わたしたちが子どものころ、いまのＬＩＮＥでのやり取りの代わりに手紙を交換し合っていたわけでもない。学校から帰ってきたら、すぐに友人たちと外へ遊びに行きましたよ。その場で、いまのＬＩＮＥに象徴されるような『短いことば』で友人たちと交流していたのです。でも、ＬＩＮＥとちがうのは、そこには『音声』や『表情』があったことです。たとえば、『お前のことキライだ』って言われても、実はそれが愛情表現だと理解できる場合があるじゃないですか。しかし、そういうことばがＬＩＮＥ上でやり取りされると文面しか目に入らないから、『ああ、俺って嫌われているんだ』と思い込むことがあるのかもしれません。こうなってしまうと、ことばが平板なものになってしまい、ことばの多義的な効果を子どもたちが学ぶ機会が失われてしまうのではないでしょうか」

「予測変換」の罪

わたしのスマートフォンのＬＩＮＥを開いて、「二四時」と打ち込むと、次に「には」という変換候補が登場し、それをタップすると今度は「帰ります。」という文言があらわれる。それを再びタップすると「二四時には帰ります。」という文面が完成する。そう、わたしは退社するときに必ず妻にLINEで帰宅時間を告げているのだ。

これは「予測変換機能」と呼ばれるものであり、入力の手間を省くため、最近入力した文面を記憶することで「次に来る可能性の高いフレーズ」を用意してくれるのである。大変に便利である。これはLINE独自のものではなく、いまは文字入力の裏方として様々なアプリ、ソフトに導入されている。

が、子どもたちがこの「予測変換機能」に慣れ切ってしまうと、やはり日本語運用能力に悪影響を及ぼすことになる。

子どもたちの多くはLINEのトーク機能を「メール」というより「チャット」として利用することが多い。そうすると、一回の発言にスピーディーさが求められるため、この予測変換を多用することになる。

わたしは、予測変換ばかり利用するのは、子どもたちを「思考停止」の状態にさせるのではないかと考えている。つまり、それまでストックされたフレーズを条件反射的に会話に反映させることは、同時に相手の発言をじっくりと斟酌《しんしゃく》する作業を完全に無視することになってしまうのだ。

ＬＩＮＥの世界は何だか「言い淀んでしまう」ことを許さない空気に満ちている。そうなると、子どもたちが葛藤したり、ことばを厳選したり、その場で熟考したり……そういう貴重な学習の機会を逃してしまう。よくよく考えれば、これは大変にこわいことである。

昨晩ＬＩＮＥ上で発した「チャット」における発言の仔細を子どもに尋ねてみると、その弊害がはっきりするだろう。たいていの子どもは自身の発言内容をほとんど覚えていない。なぜなら、予測変換によりお決まりのフレーズばかり繰り出していくと、文面そのものに意識を向けることができなくなるからだ。

さらに、速さを競うばかりに予測変換を多用すると、漢字を「書く」「選ぶ」双方の力が失われる。昨今の子どもたちは、いや大人もそうだが、とりわけ「同音異義語」「同訓異字」の類《たぐ》いに苦手意識を持つ人が多い。たとえば、「あらわす」という単語に、「表す」「著す」「現す」「顕す」のいずれの漢字を適用すればよいのか見当がつかなくなる。

これが直筆の手紙であればどうだろうか。昨晩、特定の相手に対して何かのメッセージを綴ったとする。翌日その手紙の文面を他者に説明することはおそらく簡単なことだろう。また、書く作業は漢字の定着を確固たるものにする。

小学生が挑むレベルの「同音異義語」の問題を紹介したい。
熟考して文字入力をすべき理由が体感してもらえるのではないだろうか。

問　次の各文の——線部のカタカナを漢字に直して答えなさい。

①
ア　暗い過去をセイサンする。
イ　運賃をセイサンする。
ウ　これはセイサンのある計画だ。

②
ア　その通りだとカクシンする。
イ　カクシン政党に投票する。
ウ　問題のカクシンに触れる。

③
ア　利益をツイキュウする。
イ　真理をツイキュウする。

ウ　責任をツイキュウする。

（解答）①　ア　清算　イ　精算　ウ　成算
②　ア　確信　イ　革新　ウ　核心
③　ア　追求　イ　追究　ウ　追及

その文脈次第で同じ音であっても多くの漢字を使い分けなければならない。スピーディーさが求められるＬＩＮＥの会話にどっぷり嵌《は》まりこんでしまい、気づけば「漢字が書けない」「思い出せない」という事態に陥ってしまうのだ。

「グループ機能」が説明能力を削ぐ

次にＬＩＮＥの「グループ機能」について考察してみたい。

わたしの塾に通う子どもの母親と面談をした際にこんな話を聞いた。

「わたしはいまだにガラケーなんですよ。小学校の母親たちがいろんなグループを作っていて、『誰かの悪口で盛り上がる』『誰かをグループから外したことでトラブルになる』……そんなことを聞いてしまうと、わたしはＬＩＮＥと関わりたくないんですよね」

いや、お母様、ガラケーでもＬＩＮＥはできますよ……とはもちろん返さず、わたしは頷《うなず》いた。慎重であり賢明な母親であると思う。

ニュースで耳にした人も多いだろう。かつて問題視されていた「学校裏サイト」内でのネットいじめが、いまはＬＩＮＥに移行している。これはＬＩＮＥの「グループ機能」が第三者からは見られない閉鎖性を有しているからこそ生じる現象と言える。

そして、「グループ機能」の閉鎖性は、子どもたちの日本語による説明能力をも低下させる側面があるのだ。

特定のグループの中で会話を繰り広げると「内輪の言語」ばかりを用いることになる。そこでは阿吽《あうん》の呼吸が重視され、どんどんことばが削ぎ落とされていく。すなわち、第三者を意識して物事を懇切丁寧に説明する必要など全くなくなるのだ。

こうなると、子どもたちが情理を尽くして何かを語るという経験ができなくなってしまう。

わたしは塾で子どもたちに読解の記述問題を指導することが多いが、子どもたちの記述内容が年々雑になっているように感じている。主語が抜け落ちていたり、主述の不一致が目立ったり、対象表現が欠けていたり……。たとえば、「わたしは昨日、父親にほしかったゲームソフトが面白い」とか、「彼は中学生になったら苦手になってしまった」(「何」が苦手になったのかがわからない)とか、そんな記述がよく見られるようになった。

わたしは、子どもたちが第三者の目を気にしない閉鎖的な会話を好むということと、記述力の低下は決して無関係ではないと考える。

短文入力で「接続語」が消失

先述したが、LINEによる「チャット」はスピーディーさが求められる。そうすると、一回の発言を短文化しなければならない。

わたしがこの点についてある男子大学生に尋ねると、次のような回答が得られた。

「LINEの文章はどんなに長くても二〇字程度ですよ。それを超える字数だと相手に負荷をかけることになってしまいますから」

ここで彼はことばの使い方を間違えている。おわかりだろうか。

彼の言う「文章」とは「文」のことだ。

「文章」とは本来「まとまった内容を表す一続きのことば」を指す。

しかし、短文化されたＬＩＮＥの発言はただの「文」である。

今回この章を執筆するにあたって、卒塾生など幾人かに（第三者であるわたしが見ても差し支えない範囲で）ＬＩＮＥの発言を直接見せてもらった。すると気づかされたことがある。それはＬＩＮＥのトークでは「接続語」がほとんど登場しないという点だ。「だから」「しかし」「あるいは」「そして」……このような接続語は前後の文を繋《つな》ぎあわせて、一つの「文章」を成り立たせるために機能する。が、ＬＩＮＥでは一回一回の発言が短い「文」であるため、このような接続語を使用する頻度が極めて低いのである。

子どもたちが「文章」を作成せず、「文」ばかりを作成するようになってしまうと、前後の文脈を考えて……という、いわゆる「論理的思考力」を培うことができなくなる。これもＬＩＮＥがもたらす大きな問題のひとつである。

話は変わるが、二〇二〇年度より大学入試が大きく様変わりする予定だ。従来の「大学入試センター試験」に替わり、「大学入学希望者学力評価テスト（仮称）」という新たな共通試験が導入される。文部科学省では何年もかけて専門家たちが大学入試改革を議論する場を設け、それまでの「知識偏重型」から「思考力重視型」へと試験内容を変えていくそうだ。

実際に、二〇一五年一二月にこの新テストの素案、問題例が文部科学省から公開された。変更点としては国語のみならず各教科で「自分の考え」を記述させる問題を多く出題することである。文部科学省がWｅｂで公開した「『大学入学希望者学力評価テスト（仮称）』で評価すべき能力と記述式問題イメージ例【たたき台】」内の「II　記述式問題のイメージ例と評価可能な能力について（国語）」には次のような問題を作成すると盛り込まれている。

①多様な見方や考え方が可能な題材に関する複数の図表や文章を読み、情報を統合しながら、考えを構成し表現する問題。
②複数の文章で語られている状況、問題、解決法に関する共通点について考察し、選択式と記述式で構成・表現する問題。

わたしは塾講師として、この新テストに対して異議を唱えたいことは山ほどある。たとえば、約五〇万人が挑むテストで「主観」を問うような問題を出すことは、その採点に偏りが出る危険性を孕《はら》んでいるのではないか、また、採点にかかる手間、時間は尋常なものではなく、どうやって処理をしていくのか、「知識偏重型」からの脱却というが、そもそも充分な

「知識」を備えていない子どもたちが溢れているのではないか……などなど。

が、文科省が憂えている「子どもたちの日本語運用能力低下」自体はよく理解できる。繰り返すが、いまの子どもたちの多くは「情理を尽くして何かを語るという経験」がどんどん失われ、結果的に「書く力」がなくなっているし、論理的に文章を紡いでいく力も失われているのだ。

使われなくなった「直電」

最近の子どもたちはLINEに依存しきってしまい、電話（いわゆる「直電《じかでん》」）を使わなくなっているとか。これも日本語運用能力の育成を妨げるものであると、わたしは考えている。

たとえば、ある文章に目を通していたときに「跋扈《ばっこ》」という単語をはじめて見かけたとしよう。辞書を取り出して意味を調べる。たとえば、『デジタル大辞泉』では次のように書かれている。


「名」（スル）《「後漢書」崔駰伝《さいいんでん》から。「跋」は越える意、「扈」は竹やな》魚がかごを越えて跳ねること。転じて、ほしいままに振る舞うこと。また、のさばり、はびこること。「軍閾の――」「悪辣な商売が――する」

さて、辞書で意味を調べその場で理解できれば、「跋扈」という単語が身に付くのだろうか。わたしはそうではないと思う。

新しい単語を確実に自分のものにするためには、調べて理解するだけでなく、自らがその単語を含めた会話をおこなうことが必要なのだ。

電話の使用頻度がめっきり減ってしまった昨今、子どもたちは新しい単語を自らの口から発する機会が奪われてしまっている。それでも、友人たちとの直接的会話が豊富なら問題ないかもしれない。だが、実際は、この章の冒頭に挙げたように、友人たちと集まってもほとんど会話がなく、それぞれがスマホを勝手にいじっているということが珍しくない。

また、次章で詳述するが、電話で他者（特に友人の親など）と会話する経験が減ったことは、子どもたちの「敬語」運用能力にも大きな影響を与えている。

何より、語彙力が貧困であればあるほど、それだけ物事を単純にしか考察できない思考回路をその子どもは持つようになってしまうのだ。

親が子に媚びる「家族LINE」

二〇一五年一二月、家族内SNSアプリ「famitalk《ファミトーク》」がリリースされた。主な機能として家族で会話を楽しむ「トーク」、スケジュールを把握しあえる「予定」、思い出の写真を保存できる「アルバム」と買い物リストの共有などに使える「メモ」を備えている。

「家族に愛を、世界に平和を。家族からはじめよう」をキャッチコピーに公開されたアプリだが、LINEにおける家族グループとどういう違いがあるのだろうか。

ファミトーク・アンバサダーの中村杏奈氏は言う。

「わたしは個人的にLINEのスピード感覚が苦手だったんですよね。文字入力から送信までのハードルが極めて低く、ことばをどんどん流し合うような会話になってしまいます」

中村氏は家族が活用するファミトークで、発することばの一つひとつに重みをもたせたいと語る。そのために、家族心理学の専門家に加わってもらい、家族内の絆をより強固にするためのことばを考案、吟味して用意をしている。LINE同様にスタンプがあるが、LINEに溢れている「シュール」なタイプではなく、心が思わずほっこりするような愛情に満ちた表現のものを揃えているとのこと。「共感」や「寄り添い」といった感情がそこでのキーワードになるらしい。

「LINEは子どもたち、中高生向けのツールだと思います。LINE上に家族グループを設けている人たちが多いと思いますが、やり取りをするうちに親が子の文化に合わせていく、キツい表現をするなら、親が子に媚《こ》びているような図式がLINE内に生まれてしまうのです。ファミトークでは親が中心になれる環境を整えているのです」

中村氏はこう胸を張る。彼女の説明を聞いていると、別の側面からLINEの問題点が浮かび上がってくる。

「既読スルー」の重圧

LINEが子どもたちに及ぼす悪影響を連ねてきたが、わたしは無論LINEに恨みがあるわけでも、むやみに批判したいわけでもない。大変便利なツールであるし、実際にわたし自身も使用している。

ただし、子どもがLINEのやり取りに依存してしまう事態は避けたいものである。

いままでLINEの危険性についてはメディアでも積極的に報じられてきた。

「友人たちとの世界＝『LINE』の世界」となり、片時もスマートフォンを手放せなくなる子どもたちが増えている。

ＬＩＮＥ上で繰り広げていた内輪的な、ある種濃厚な人間関係のバランスがおかしくなり、ＬＩＮＥ内で誹謗中傷をし合ったり、いつの間にかグループから放逐されたりするケースも多い。「既読スルー」などという表現が一般化したことからも、ＬＩＮＥが子どもたちにストレスフルな日々を強いる可能性のあることがわかる。そこは同調圧力の生じやすい環境である。

全国的にも名の知られた私立女子中高一貫校の校長を長年務めた方を取材した際に、ＬＩＮＥをはじめとしたＳＮＳに関するこんな嘆きを耳にした。

「『面白いから』とのめりこんでしまうと、大変なところへ引きずりこまれる危険性があります。わたしの在任中にこの問題がどんどん多くなってきましたよ。たとえば、ネットで個人の悪口を書かれてショックを受けている子とかね。内容を見ると、どう考えても内部（在校生）の書きこみだし。削除依頼などを出したこともありますが、基本的には受け付けてもらえない。被害者になった子たちは放っておけばいいのに、片時も携帯を離せなくなる。大変困ったことだねえ」

また、ここ最近激増しているとされるのが、見知らぬ人間とＬＩＮＥのＩＤを交換したことがきっかけで犯罪に巻き込まれるケースである。少し前まではいわゆる「出会い系サイト」が犯罪の温床になっていたが、年齢制限など規制が厳しくなったため、そこで起きていた犯罪がそのままLINEに持ち込まれているだろうとのこと。

ここまではよく語られているLINE依存がもたらす様々なリスクである。

しかし、LINEが子どもたちの日本語運用能力に悪影響を与えているという議論は、ほとんどなされてこなかった。

この章で様々な事例を挙げたが、子どもたちの「聞く」「話す」「読む」「書く」という日本語における四技能の向上のために、いま留意すべきポイントが浮かんできたことだろう。

第二章　「敬語」が使えない

消えた『サザエさん』一家

ＬＩＮＥを利用している人には同意してもらえると思うが、ＬＩＮＥは限られたグループ内で会話するため、敬語を使う機会が極めて少ない。

家庭内の連絡用にＬＩＮＥを使用している家族も多いが、ここでも敬語が使われることはないはずだ。

それには、ＬＩＮＥが持つ性質に加え、現代の家族のカタチも大きく関係している。

日曜日の夕刻になると、テレビアニメ『サザエさん』が放映される。初回の放映から実に五〇年近く続いている長寿番組である。

しかし、塾にやってくる子どもたちに尋ねると、サザエさんを観ている子はほとんどいない。親に付き合って観ている子もいたが、肝心の中身はあまり記憶に残っていないようだ。サザエさんの視聴率を支えているのは、ノスタルジックな心持ちを求める上の世代なのだろう。

『妖怪ウォッチ』『ポケモン』『ドラえもん』『クレヨンしんちゃん』『ワンピース』など、現代の子どもたちは昔と変わらずアニメに夢中である。にもかかわらず、『サザエさん』への反応が芳《かんば》しくないのはどういうわけだろうか。同じく家族・友人の人間模様を描いた『クレヨンしんちゃん』には熱中しているのに。

わたしは『サザエさん』『クレヨンしんちゃん』双方の家族構成の差異にその原因の一つを求めることができると考えている。

『サザエさん』に登場する磯野家は「拡大世帯」である。父、母、娘、息子、娘、娘婿、孫という所帯を構えている。

一方、『クレヨンしんちゃん』の野原家は典型的な「核家族」である。埼玉県春日部市で父、母、息子、娘の四人で生活している。父方の祖父母（野原家）は秋田県に住んでいて、母方の祖父母（小山家）は熊本県にいる。

総務省統計局「国勢調査報告」によると、六五歳以上の高齢者のうち、子や孫と同居している人の割合は一九八〇年に約六九％であったが、その三〇年後の二〇一〇年には約四二％と低下している。そして、国立社会保障・人口問題研究所「人口統計資料集」に目を移すと、一八歳未満の子が暮らす世帯のうち、核家族世帯が占める割合は、一九九〇年の約六九

％に対し、二〇一〇年は約八四％と上昇している。とりわけ、都心部の核家族化の進行は著しい。

話を戻すと、いまの子どもたちにとっては『サザエさん』よりも『クレヨンしんちゃん』のほうが自分たちの家族構成の実状に近く、親近感を抱くことができるのだろう。いや、彼ら彼女たちが親近感を抱いているのは家族構成そのものではなく、そういう家族構成が育んだ雰囲気を纏った登場人物たちの言動にある。

「しんちゃん」vs.「カツオ」

長年、子どもたちの国語を指導していると、授業内で「場の空気を一切読まない」発言をする子どもたちが増えていることをひしひしと感じる。

たとえば、次のようなシーン。

「いいですか。傍線部の中にある『指示語』と『接続語』は必ず丸で囲むこと。それらが解答を導き出すヒントになることが多いからね」

「先生、丸の印じゃなくて線を引っ張ってもいいんですかぁ？」

「………………」

これはまだマシな例である。

こんなこともあった。

「さあ、この登場人物の『さみしさ』が言動となって表れているところが八段落よりうしろの部分にある。それはどこだか探してみよう」

「先生、わたしさみしいときは何も言わないよ」

「……………」

彼ら彼女たちには悪気は一切ないのである。そして、当人はその場の空気を歪《ゆが》めていることなど全く気がつかない。

こういう子どもたちの様子は誰かに似ていないだろうか。そう、「しんちゃん」こと「野原しんのすけ」である。

野原しんのすけは、あたかも自分が世界の中心であるかのような傍若無人な言動をとることが多い。敬語を使うことなどまずありえない。加えて、下品な発言が多く、また大人をなめてかかったような生意気なふるまいも散見される。相手を慮《おもんぱか》ることなどなく、本音をさらけ出す。そう言えば、日本PTA全国協議会が毎年アンケートを実施している「子どもとメディアに関する意識調査」の中で、『クレヨンしんちゃん』は毎回のように「親が子どもに見せたくない番組」の上位にランクインしている。

野原しんのすけの姿はまさに現代の環境が生み出したものであると言える。つまり、身近におじいさんやおばあさんをはじめ、気を遣うべき他人がいないのである。いまの子どもたちにとっては自身と似通ったところが多いのだろう。眉をひそめる大人たちを尻目に、このような一見無神経で礼儀知らずのしんのすけに対する支持率は高い。もちろん、しんのすけの憎たらしさの中に垣間見える「愛嬌」が、このアニメの人気を支えているのは言うまでもない。

一方、『サザエさん』の「カツオ」はどうだろうか。

作者の長谷川町子氏はこの作品を創作したときに、カツオに「ちょっと手のかかるいたずらっ子」といったイメージを投影していたと思うのだが、時代の変化だろうか、いまこのアニメを見返すとカツオはなかなかの「優等生」として認めることができる。

カツオのことばづかいはかなり丁寧である。たとえば、父親である波平に対して敬語を用いているのだ。

そして、彼の長所は老若男女問わず、相手に合わせたコミュニケーション能力に長《た》けているところだ。
早稲田大学名誉教授の鳥越皓之氏は「カツオはなぜよい子に育ったのか」と題する論考（NTT西日本のWebサイトに掲載）の中で、カツオをコミュニケーションの達人だと喝破《かっぱ》し、それを象徴するシーンを紹介している。

〈カツオが塀の外から梅を眺めて、立派な梅だと感動している。玄関にいたその家のおじいさんは「としににあわず風流な」と喜んで、そんな場所では梅をうまく観賞できないと邸内に案内する。カツオは「ま、一ぷく」とお茶を出されて歓迎され、謡《うたい》まで聞かされて弱るのが笑いなのである。

どうだろう、このコミュニケーション力は。カツオの存在はおじいさんをハッピーにさせている〉

カツオがこのような姿勢をごく自然に身に付けられたのは、磯野一家が拡大世帯を形成していることが一番の理由だろう。年下のタラちゃん、姉の婿であるマスオさん、姉のサザエさん……それぞれに応じた距離感を保ちつつ、カツオは相手への接し方をスマートに使い分けている。また、昭和の風景が色濃く残るこの作品では、磯野家を温かく見守る近所の大人たちが数多く登場する。このような環境がコミュニケーションの達人であるカツオを育んだにちがいない。

子どもに怯える大人たち

カツオは磯野家の中だけでなく、周囲の大人たちからも大きな影響を受けつつ、のびのびと明るく「礼儀正しく」育ったのである。

それでは、現代の子どもたちを取り巻く環境はどうなのだろうか。我が家を例にとって説明したい。

小学校に入学したばかりの娘。その頃、ちょっとした「騒動」があった。

小学校は八時二〇分までに登校するのだが、いつも八時ちょっと前には家を出て、余裕《よゆう》綽々《しゃくしゃく》で学校に向かっていると思っていた。拙宅から小学校までは徒歩二、三分。

ところが、娘は小学校に毎日ギリギリのタイミングで到着していたことがわかった。

妻が娘を問い質したところ、その原因が判明した。

娘は家を出たあと、エントランス近辺でマンションの管理人のおばちゃんと話し込み、そのあとは小学校へ向かう途中にあるタバコ屋のおばあちゃんと長話するのが日課になっていた。うーむ、そんなに長々と話すネタがあるのだろうか……。

この話を聞いて、わたしはなんとなく嬉しくなった。

「近所付き合い」ということばがある。昨今このことばはほとんど「死語」と化している。

わたしは小学校低学年まで大阪府の端っこ（お隣は京都府。奈良県も近かった）の緑豊かなところで過ごした。近隣にはいろいろな大人たちがいた。「やさしいおばちゃん」「面白いおじさん」「おしゃべりなおばあちゃん」「恐ろしいおじいちゃん」……いま振り返ると、多くの大人たちに囲まれた「贅沢な環境下」で育ったと思う。

ある日、弟と悪巧みをして、近所の竹林に忍び込んで「たけのこ」を取ろうということになった。で、竹林でたけのこを掘り返そうとしたところ、そこの持ち主のおじいちゃん（いま思えばおじさんだったのかも……）に見つかり、家に連れ込まれ延々と説教され二人でわんわん泣いた。

多分、そのおじいちゃんは本気で腹を立てていたわけではないと思う。

弟と二人、とぼとぼと帰途に就いたその片手には、おじいちゃんからもらった「たけのこ」の入った袋をしっかりぶら下げていたのだから。

いまの時代だったら、このおじいちゃんは子どもたちを家に閉じ込めたとして「監禁罪」に問われてしまうかもしれない。世知辛い世の中である。

時代が進むにつれ、大人たちは子どもたちから随分遠くへと離れて行ってしまったように感じる。

物騒な事件が多いからか、あるいは、核家族化が進行した狭隘《きょうあい》な生活環境だからか、わたしたちはいつしか他人を簡単に近づけないようになっている。いや、前言撤回。わたしたちは他人に近づくことへの言い知れぬ怯えを抱えているのかもしれない。「余計なことをして、面倒なことになったら嫌だなあ」という思いがそこには伏在しているのだろう。

以前、家族で動物園に行ったときのこと。

小学生の団体がそばにいた。その中の元気のよい男の子が先生の制止も聞かずに走り回っている。近くにはベビーカーを押している母親や妊婦さんもいた。これは危ないだろうと考え、わたしはその子の腕をつかんで「いいかい。ここはみんなの場所なんだ。好き勝手に走り回ったら、迷惑をかけるかもしれないよ。だから、先生の言うことをよく聞いて楽しみなさい」と忠告をした。

すると、その子は「ごめんなさい。そうします」と素直に非を認め、みんなの輪の中へと元気に戻っていった。

ところが、その小学校の引率の先生は、わたしが彼に話しているというのにこっちに来ようとしない。ただ、気まずそうにして向こうで立っているだけだ。

多分、この先生は「自分のテリトリーの中に突如侵入してきた他者」に対して怯えていたのだろう。近づくと、何か難癖でもつけられるのではないか……そう考えたのかもしれない。

わたしたち大人が、とりわけ子どもに接するときに抱くある種の「怯え」がなくなればどんなによいだろうかと思う。

江戸時代末期の日本の子どもたちを観察した文章を紹介したい。

エドワード・シルヴェスター・モース（大森貝塚を発見した動物学者として有名）の『日本その日その日（2）』（東洋文庫）にこんなことが書いてある。

〈世界中で日本ほど、子供が親切に取扱われ、そして子供の為に深い注意が払われる国はない。ニコニコしている所から判断すると、子供達は朝から晩まで幸福であるらしい。（中略）小さな子供を一人家へ置いて行くようなことは決して無い。彼等は母親か、より大きな子供の背中にくくりつけられて、とても愉快に乗り廻し、新鮮な空気を吸い、そして行われつつあるもののすべてを見物する。日本人は確かに児童問題を解決している。日本人の子供程、行儀がよくて親切な子供はいない〉

娘の「騒動」の顚末《てんまつ》を聞いて嬉しくなったのは、別に娘に社交性があるとかそういうことではなく、周囲の大人たちが子どもたちに温かな眼差しを向けていることを知ったからだ。

「お母さんはいらっしゃいません」

子どもたちを取り巻く環境が、子どもたちの他者に対する距離感を狂わせていることへの危機感があるのだろう。昨今の中学入試の国語では「敬語」の知識が問われることが多い。

わたしは敬語を教える際に、次のような導入説明をおこなっている。

「それでは、先生が『君たちが知らない大人』に扮《ふん》して家に電話をかけるので、君たちはその電話に出て応対してほしい。いま君たちのお母さんは外出していて夜まで帰ってこないという設定にしよう」

わたしは受話器を片手にしたポーズを取り、こう続ける。

「もしもし、○○さんのお宅ですか。わたし、矢野というものですが、いまお母様はいらっしゃいますか」

そして、一人の生徒を指名し、この電話に対する返答をさせる。

子どもたちはたいていもじもじしたり、ちょっと気を動転させたりして、こんな返答になることが多い。

「あーはい、いません。あ、ちがった。お母さんはいらっしゃいません」

これが十数年前であれば、周囲の子どもたちは爆笑の渦となり、その生徒は冷やかされることになった。

しかし、昨今はこのようなやり取りを笑う生徒が少ない。どこがどうおかしいのかということそれ自体に気が付かないのである。

「敬語」は「尊敬語」「謙譲語」「丁寧語」に分類される。単純に相手への敬意を表現する役割を有しているだけでなく、ＴＰＯに合わせ、自身が他者に対してとる「距離感」を手助けする日本独特のことばである。互助的な村社会を形成してきた日本という土地柄が生み出した知恵の一つであるとも言えるだろう。

それでは、次の「敬語」の問題に取り組んでみよう。

問　次の文で敬語の使い方があやまっているものを三つ選んで番号で答えなさい。

①　あなたからうかがった話をぜひみなさんに伝えたい。

②　一時間も私をお待ちしたなんて申し訳ありません。

③　父があなたにおっしゃったことを忘れないでください。

④　なるべく早くめしあがれ。

⑤　先生は明日どんなことをいたしますか。

⑥　よくこの場所がおわかりになりましたね。

（解答）②・③・⑤

②は相手が「待った」わけなので、ここは「お待ちした」という謙譲語を使うのではなく、「お待ちになった」という尊敬語を用いるべきだ。

③については「父」が「身内」であるから謙譲語を使わなければならないことがポイントだ。この場合、「おっしゃった」ではなく、「申した（申し上げた）」という表現にしなければならない。

最後に、⑤は尊敬語を適用すべき「先生」に対して「いたしますか」という謙譲語を用いている点がおかしい。ここでは、「いたしますか」を「なさいますか」に変えることが必要だ。

相手との距離を適切に測るためのことばは、何も敬語に限ったわけではない。日本語は社会関係の微妙な差異を的確に示す語彙に溢れている。

たとえば、一人称を表すことばが数多くあるのはもちろん、その序列に応じた相手の呼び方が日本語では多く用意されている。また、他者との関係性を調整するための語彙も外国語と比較すると格段に豊富だとされている。

いまの子どもたちはこれらのことばの使用が苦手である。別にこの学習から子どもたちが逃避しているわけでは決してない。これらのことばになかなか触れることのできない環境下に置かれているのである。

余談ながら、昨今は「共働き」の世帯が増加している。男女共同参画社会という観点からすると実に喜ばしいことではある（もちろん、経済的な事情で共働きせざるを得ない家庭が増えていることも事実だが）。

しかし、それに伴って子どもたちが置かれる環境を考えると問題点がいろいろと浮かび上がってくる。

ここ数年「待機児童」ということばをニュースのトピックとして目にすることが多い。親が子を保育所や学童保育施設に預けたくても、入所希望者があまりに多く定員超過になってしまい、結果として入所できない子どもたちが溢れている状態が社会問題となっている。二〇一六年二月、「保育園落ちた日本死ね！！！」というタイトルのブログの書き込みが大きな話題を呼び、政府がその騒動の沈静化に躍起となる事態に発展した。

この問題を解消すべく、民間の保育施設が近年多くつくられている。民間の会社からすれば、入所する子どもたちは「顧客」である。自社の評判を上げるべく、あの手この手で親子の満足を高めるサービスを提供することになる。しかし、朝から晩までそのような手厚いもてなしを受けている子どもたちはますます他者との距離感がつかめなくなるのではないか。

野原しんのすけが、もしもこのような民間保育施設に預けられたら、どのような「教育成果」が彼の言動にあらわれるのかを考えてみると、ぞっとしてしまう。

語彙が豊富な子の環境とは

わたしの塾は小学校三年生から六年生までの指導コースを設けている。それまでどこの塾にも通わず、最初に我が塾の門を叩く子どもたちばかりだが、入塾当初からその学力に大きな差が生まれている。わたしがとりわけ痛切に感じるのは、同じ年齢の子どもたちであるはずなのに、身に纏っている語彙レベルが全然ちがう点である。

語彙が豊富な子の特徴は何か。もちろん、それまでの読書量のちがいもあるだろうが、それだけでは決してない。

子どもが「子ども扱いされない」こと。これが、子どもたちが豊富な語彙を習得する好環境である。

多くの子どもたちを観察してきて、大人に囲まれるような環境下で育った子は実に多くのことばを知っているし、それらのことばを駆使することができる。

一〇年近く前のことだが、塾の子どもたちに駅まで付き添って送っているときに、小学校六年生の二人のこんな会話が聞こえてきた。

「いやあ、この前のバレンタインだけどさ、俺チョコを二〇個くらいもらったんだぜ」

自慢げにそう言う男の子に対して、女の子が間髪入れずにこう発言した。

「お前さあ、風呂敷広げすぎるなよ。三味線弾くと自らを破滅に追いやるぞ」

大変に乱暴なことばづかいの女の子だが、その語彙レベルは格段に高い。この子の家は雀荘を営んでいて、幼少時より大勢の大人に囲まれた生活を送ってきたらしい。実際、この女の子の国語は首都圏トップレベルの成績を誇っていて、いわゆる難関校に合格している。

極端な例ではあるが、子どもが多くのことばを獲得するためには、大人が子どものレベルに下りて会話するのではなく、難しいことばが登場しても、遠慮なくそれらを子どもにぶつけていくことが大切なのだ。

年長者と接する時間が失われてしまったいまの子どもたちは、古くから伝わる「ことわざ」「慣用句」の知識にも乏しい。

問　次のことわざについて、同じ意味を持つことわざの組を三つ、反対の意味を持つことわざの組を二つ作り、それぞれ記号で答えなさい。

ア　のれんに腕押し　　イ　月とすっぽん　　ウ　船頭多くして船山に登る
エ　花よりだんご　　オ　泣き面にはち　　カ　かっぱの川流れ
キ　どんぐりの背くらべ　　ク　竹馬の友　　ケ　とびがたかを生む
コ　とうふにかすがい　　サ　あぶはちとらず　　シ　二兎《にと》を追うものは一兎をも得《え》ず
ス　三人寄れば文殊《もんじゅ》の知恵　　セ　さるも木から落ちる　　ソ　飼い犬に手をかまれる

これはわたしが小学校四年生に解かせている問題である。正解にたどり着くことはできただろうか。

（解答）同じ意味　ア・コ　カ・セ　サ・シ
反対の意味　イ・キ　ウ・ス

辞書を引いて知ることばなどほんの一部である。

子どもたちは「誰かに教えこまれる」ことでことばを獲得するのではない。これは幼児でも同様である。

幼児は自分の周囲に飛び交う「なんだかよくわからない音」と「その音が指し示す対象物」を結びつけることで初めて、「ああ、なるほどね（とは言わないが）」とひとつひとつのことばを胸に刻んでいくのである。

子どもたちが「使えることば」を新たに身に付けるためには、「何だかわからないことばだけれど、前後の文脈から類推すればだいたいこういう意味なんだろうな」という経験を重ねていくことである。

現代の家族のカタチ、また、それに伴う環境の激変は、子どもたちから敬語をはじめとした多くのことばを奪い去る危険性があることがよくわかるだろう。

そんな日常を送っている子どもたちがＬＩＮＥ漬けになってしまえば、どうなるか。

日本語力はますます低下するばかりだ。

第三章　「比喩」が理解できない

何でもストレートに受け取る

小学校六年生を対象にした国語の授業。

少し難解な問いかけへの返答に窮《きゅう》した女の子が、一瞬ぽーっとした表情で空を仰いだ。

「ほら、あきらめずによく考えなさい。お花畑に立ち寄らない！」

わたしがそう注意したところ、彼女はちょっと膨れっ面をしたかと思うと、やにわに不可解そうな面持ちを見せた。

「は？　わたし、お花畑なんか行っていないよ。だいたい、受験勉強があるから最近は家族で旅行してないし……」

そうなのだ。彼女は「お花畑」ということばをそのままストレートに受け取ったのだ。

彼女が目の前の問題から逃避して、瞬間的にぼんやりとした様子を見て、「まるでお花畑の世界へ逃げ込んでいるようだ」という皮肉を込めたことが、彼女には全く理解できていない。

国語の授業を通じて多くの子どもたちを観察していると、昨今「比喩」が伝わりづらいと感じる場面に多々出くわすようになった。

比喩とは、ある物事の説明にそれと共通点のある（似た要素のある）他の物事を借りて、相手にイメージしやすいようにする工夫のこと。比喩は具体的なものをあえて抽象化する働きがある。

比喩はその「喩《たと》え方」によって「同化」と「異化」に二分することができる。

「同化」とは「イメージしやすい喩えを用いることで、何を具体化しているのかをすぐに理解させる」方法である。たとえば、「太陽のようにまぶしい」というような場合である。

一方、「異化」とは「本来ちがう世界でちがう意味に使うことばを、本来の意味以外の使い方をして、そのものの本質にせまる」方法を意味している。たとえば、「波打ちぎわをゆっくりゆっくり歩くような人生を送った」といったものである。

後者に当たるタイプの比喩が巧みに使われている文章を読んでいると、そこで一旦立ち止まることになる。そして、そのものを頭の中にイメージすることで、文章に深みが出るだけでなく、著者（あるいは作者）がそこで示している像がある種の匂いを伴って眼前に現れてくるのである。

また、たとえその比喩が具体的に指し示していることをその場で理解できなかったとしても、文章を読み進めていくうちに、「ああ、あの場面で示していたのはそういうことだったたのか」という発見に感動させられることだってある。
それでは、次の詩を読んで問題を解いてみよう。わたしが小学生に詩を教える際、導入としてよく使う題材である。
宮沢賢治のこの詩は前述した「異化」が効果的に用いられている。

問　次の詩を読んで、この詩の主題を考えて五字以内で答えなさい。

作品第一〇〇四番　　宮沢賢治

今日は一日あかるくにぎやかな雪降りです
ひるすぎてから
わたくしのうちのまはりを
巨《おお》きな重いあしおとが
幾度ともなく行きすぎました
わたくしはそのたびごとに

もう一年も返事を書かないあなたがたづねて来たのだと
じぶんでじぶんに教へたのです
そしてまったく
それはあなたの　またわれわれの足音でした
なぜならそれは
いっぱい積んだ梢《こずえ》の雪が
地面の雪に落ちるのでしたから

正解がおわかりになるだろうか。

この詩の主題を理解するポイントは「巨きな重いあしおと」の意味するものと、「もう一年も返事を書かないあなた」の正体を見極めることにある。

まず、「巨きな重いあしおと」とは、「いっぱい積んだ梢の雪が地面の雪に落ちる」音である。しかし、この理解は浅い。なぜ、梢の雪が落ちるのかを熟考する必要がある。すると、梢に積もった雪が「解けた」から落ちたのだということにたどり着く。

次に、「もう一年も返事を書かないあなた」が「たづねて来た」とあるので、「一年ぶりに再会した人」となる。

この詩が表している情景が徐々に浮かび上がってきたのではないだろうか。

「雪解け」の現象が「一年ぶり」に連れてくるのは何だろう。

それは「春」である。

冒頭の「一日あかるくにぎやかな雪降り」という表現がそのことを裏付けている。

よって、この詩の主題は「春の訪れ」「春の到来」「春が来た」「春の始まり」といったものになる。

ここで注目したいのは「巨きな重いあしおと」という比喩である。ズシンという大きな音を喩えたいならば、他にも「棚から書物が崩れ落ちる」とか「大砲を撃つ」とか「大木が倒れる」とか「土嚢《どのう》や米俵を投げる」とか、様々な表現を思いつくことができる。

しかし、ここでは「巨きな重いあしおと」でなければならない。

これは、「巨人」の足音である。この場合、単体の個人を示していると同時に、多くの人の集合体という二つの見立てができる。

詩に目を向けると「それはあなたの　またわれわれの足音でした」とある。つまり、この足音の主は「春」であるとともに、「この土地で暮らすわたしを含む多くの人々」を示しているのだ。

ここから「春の到来は、（雪国に暮らす）われわれにとって、農作業などの活動の始まりである」ことが明らかになる。

雪深い東北に住む人々にとって、春の到来は新たな一年のスタートであり、喜びのときなのだ。人々のうきうきとした思い、そして、気を引き締めている心持ちが「足音」に込められている。

どうだろう。この詩の味わい深さ、そして「異化」が生み出す効果が実感できたのではないだろうか。

なお、ここまで説明しても比喩の理解が及ばない小学生は多い。反対に、詩を一読したあとすぐに自ら主題を書き出せる小学生もいる。

残念なことに、年々前者の比率が高くなっている。これは一体どういうことだろうか。その理路を解き明かしていこう。

「わかりやすさ」第一主義

比喩というのは、言語が構築する世界に限界を感じつつ、細かなニュアンスを別のカテゴリの事象を拝借して相手に伝えようとする試みだ。文学的な試みと言い換えてもよい。

しかし、現代の子どもたちは「わかりやすさ」を求められる環境下に置かれている。

では、「LINE」の会話はどうだろうか。

そこでは、相手のことばに対してスピーディーな反応が「コミュニケーション」の重要な術《すべ》とされる。そのため、LINEの会話は「余計」な修飾を徹底的に削ぎ落とした短文となる。細かなニュアンスは極力排し、必要最低限の情報を速やかに相手に送ることが「スマート」な人間だと評される世界なのだ。

すなわち、比喩が構築する世界とは真逆の世界に子どもたちは身を投じているのである。

さらに、「わかりやすい」世界を助長する大人もいる。

一例として数々のベストセラーを生み出している百田尚樹氏の『夢を売る男』（幻冬舎文庫）の一部を引用したい。主人公の牛河原勘治（辣腕《らつわん》の書籍編集者）が部下に「いい文章の基準とは何か」と問われてこう答える。

〈読みやすくてわかりやすい文章だ。それ以上でも以下でもない。もうひとつ言っておくと、文章というのは感動や面白さを伝える道具にすぎん。つまり、読者をそうさせることに成功した作品なら、その文章は素晴らしい文章ということなんだ〉

さらに、書評家や文学かぶれの編集者が言う文学的文章とは「比喩」のことだと断定し、こう皮肉っている。

〈たとえば単に「嫌な気分」と書くのではなくて、「肛門から出てきた回虫が股ぐらを通って金玉の裏を這い回っているような気分」などと書くのが文学的な文章というわけだ。（中略）日本の文学界には、主人公の心情を、事物や風景や現象や色彩に喩えて書くのが文学的と思っている先生たちが多いからな〉

フィクションとはいえ、なかなか過激な物言いである。

これは「ＬＩＮＥ」的な世界の推奨だと言明できる。

確かに、若い人たちが好んで読むいわゆる「ベストセラー小説」は、細部の表現を味わう類いのものより、平易なことばで紡いだストーリーの展開を楽しませるものが多い。このような小説は、一冊一〜二時間程度でさらりと読めてしまう。

しかし、わたしはこのような世界にこそ落とし穴があると考える。「わかりやすく説明しなさい」――こう突きつけられながら生きる子どもたちは、「わかりにくい」世界とぶつかったときに心がポキンと折れてしまう危険性があるのではないか。

社会の諸問題だけでなく、人生の根源に関わるものは、「わかりにくい」ものばかりであり、確固たる正解など存在しない場合がほとんどだ。

京都市立芸術大学学長・大阪大学名誉教授の鷲田清一氏は著書『わかりやすいはわかりにくい？』（ちくま新書）の中でこう述べている。


〈生きてゆくうえでほんとうに大事なことには、たいてい答えがない。たとえば〈わたし〉とはだれかということ、ひとを翻弄する愛と憎しみの理由、そして生きることの意味。これらの問いは、答えではなくて、問うことそれじたいのうちに問いの意味のほとんどがある。これらの問いとは一生、ああでもないこうでもないと格闘するしかない。問いつづけることが答えることだと言ってもいいくらいだ。（中略）もっと言えば、生きるうえでほんとうに大事なことは、わからないものに囲まれたときに、答えがないままそれにどう正確に処するかの智恵というものだろう。他国との政治上の駆け引き、地域社会でのもめごと、介護をめぐる家族のなかの諍い、子育てをめぐる迷いやためらいといったものが、そういう正解のない問題の典型例だ〉

「わかりやすさ」ばかりを追求する子どもたちは、自らの心の奥深くに問いかけるということを無意識的に放棄してしまう。

そうなると、比喩表現の無理解にとどまらず、子どもたちの成長にとって必要不可欠なものが失われてしまう。それは「健全な批判精神」である。

批判精神なきＬＩＮＥ的世界

教育現場で働いている人間と話をしていると、異口同音に「最近の子どもたちは『よい子』たちばかり」という声が聞かれる。

某公立大学の教授は苦笑いをする。

「教員は授業がやりやすいと思いますよ。よい子たちばかりですから」

全国トップレベルの中高一貫校に勤める教員も同じようなことを言う。

「授業をしていても、『うんうん』とにこやかに頷く子どもたちばかりですよ」

そう言うと、複雑な表情を見せた。

わたしもこの点については多くの子どもたちと接する中で痛感させられている。

年々、子どもたちが「よい子」になっている。問われたことには丁寧に答えようとするし、指示したことを守ろうと努める子たちばかりだ。授業は当初思い描いていた通りに滞《とどこお》りなく進行する場合が多い。もちろん、いままで数々の例を挙げたような「とんちんかん」な返答は増えているのだけれど。

しかし、この授業の「やりやすさ」は同時に「やりづらさ」をわたしにもたらす。要するに、彼ら彼女たちは授業内容に対して「疑ってみせる」ことなど全くしないのである。

「え？　先生、説明がしっくりこないので、もう一度お願いしていいですか？」

「つーか、この答えっておかしくないですか？」

以前、よく耳にした子どもたちのこういう発言にいまは滅多に出合うことがない。

このような「健全な批判精神」を持ちつつ学習に励むことのできる子どもたちは、例外なく学力を飛躍的に伸長させると、わたしは考えている。

一方、こうした姿勢を持たない「素直」な子どもたちは自ら教わり育つことはない。

彼ら彼女たちは徹頭徹尾「指示待ち」の態勢であり、自ら外の世界を吸収しようとはしないのである。外から発信されるものを受信することでしか自己を保てないようにも思える。二〇一一年の東日本大震災直後の頃を思い出してほしい。不吉な予告が記されているチェーンメールにいとも簡単に騙《だま》されてしまう人が続出した。

これは、外から発信されるものに対し、いったん立ち止まって疑うことなどせず、その情報を鵜呑《うの》みにする性質がわたしたちの心の底に巣食いはじめたことをよく示す例であろう。「健全な批判精神」を有さない人は、自己の存在というものがぐらぐらと揺らいでいる。

こういう状態も「LINE的世界」と見なすことができる。

いったんLINEを始めると、それに依存してしまい、スマホを片時も手放せなくなってしまう。それなくしては、自分そのものの存在をしっかり感じられないからだ。

「既読スルー」を避けようと相手のことばに即座に反応しようとするのは、相手に対する気遣いではない。相手から自分を承認してもらいたいという自身の欲求のあらわれである。自分の発言が相手に読まれないと言い知れぬ不安を覚えるのもその承認欲求があるからだ。

また、「グループ外し」が排除したい「敵」をやり込めるための効果的な手段であると考えるのは、その行為が相手のアイデンティティを喪失させ、絶望へと導けると確信しているからだ。

コミュニケーション能力への影響

さて、比喩の話に戻ろう。効果的な比喩を自ら生み出すことのできる人は、「自己の内なる事象」と一見無関係な「外界の事象」の共通点を即座に見出し、それを重ね合わせることができる。「外界」を「他者」とするならば、比喩の巧みな使い手はコミュニケーション能力に優れている。

プレゼンテーションの善し悪しについて考えてみるとわかりやすい。話し手の意見が聴衆（受け手）の琴線に触れ、共感を呼び起こすプレゼンテーションには比喩や具体例（喩え話）が盛り込まれていることが多い。

一例としてアメリカ合衆国第一六代大統領のエイブラハム・リンカーンが周囲から非難のことばを浴びせられた際に発した「名演説」を紹介したい。

「諸君の全財産を金塊だとしよう。その金塊を持った曲芸師はいま、ナイアガラの滝の上で綱渡りをしている。諸君はその綱を揺さぶって、大声をあげるだろうか。あるいは、じっと息を殺し、手を出さないで渡り終えるのを待つか。政府はいま大きな荷を背負って最善を尽くしている。どうかわたしたちを悩まさないでほしい。われわれは無事、金塊を向こう岸に届けてみせるから」

比喩を一切用いることなく、直截的に「政府はいま命懸けでやっているので、見守っていてほしい」と発言するのと、どちらが演説として優れているだろうか。

これは言うまでもないだろう。

相手の心に響く話をできる人間、換言すれば、コミュニケーションの達人は、自分が言わんとすることを相手の立場になって、いわばその相手の世界に入り込んで迫真性を持ったことばを用いているのだ。

しかし、そういう他者の視座、外界の事象に移動することのできる子どもたちがいま減っている。

「外の世界」を知ろう

比喩が指示している具体的なものが理解できない子どもたちが多くなっているのは先述の例で納得してもらえるだろう。

比喩が理解できないのであれば、比喩を自ら駆使できないのは当然のことだ。それは、「他者の視座」「外界の事象」に身を置くことのできない閉鎖性を子どもたちの多くが有しているからと考えられる。

なぜか。

子どもたちが自らの世界を拡げるきっかけを奪う環境となっているからである。それは第一章で詳解した「グループ機能」をはじめとしたＬＩＮＥの「内輪的な世界」に子どもたちが耽溺《たんでき》していることからしても明らかだ。

ＬＩＮＥだけではない。インターネットの登場は、その語義に反して人間を狭い世界へと追いやってきたのではないだろうか。

「新聞」を例にとってこの点を説明したい。

昨今、新聞の販売部数が激減している。聞くところによると、ある大手新聞社も大胆な人件費削減策を講じたとか。

一般社団法人日本新聞協会のＷｅｂサイトに公開されている「新聞の発行部数」の推移をみると、一般紙・スポーツ紙合わせて二〇〇〇年には約五三七一万部（朝夕刊のセット紙は一部と計算）発行されていたものの、一五年後の二〇一五年には約四四二五万部と一〇〇〇万部近く減らしていることがわかる。さらに、この「発行部数」は購読者に直接届けられることなく売り上げにつながらない「押し紙」も含むため、実売はさらに少ないとされている。

どうして新聞は衰退しているのか。

その要因の一つはインターネットの普及である。インターネット上に配信されるニュースは速報性があり、また、「紙面」の制限がないため、膨大な情報を提供することができる。加えて、読者が情報を欲する分野（項目）について知りたければ、検索によりたちどころに幾多の関連情報に目を通すことができる。

こう書くと、分が悪いように思える新聞だが、共同通信社経済部記者・松尾聡志氏は「紙の新聞には『視認性』がある」と言う。

「新聞は最低限頭に入れておくべき幅広い情報を『幕の内弁当』のように詰め込んでいて、それらを短時間で仕入れることができます。また、そのニュースの重要性を見出しの大きさで示しているため、読者にとっていま世の中で注目されている（注目すべき）ものがすぐにわかるつくりになっている。さらに、各新聞には編集や校閲など長年培ってきたノウハウがあるため、文章の質は高いレベルで安定しているのです」

確かにインターネットの記事はその文章の出来不出来の落差が大きい。さらに、検索機能が優れているがゆえに、閲覧する情報に偏りが生じてしまう。先の松尾氏の用いた「幕の内弁当」の喩えで言えば、「卵焼きが好きなら、それぱかり食べている」状態に陥るのだ。

一方、新聞は「あまり関心を抱いていない」分野でも、それが偶然目に入ることで、知識の幅を思いがけず広げることが可能となる。

大人が新聞を読まなければ、子どもたちが新聞を眺める機会などない。そうなると、「自分の知らなかった世界」への興味、関心の芽を摘んでしまうことになる。

繰り返すが、比喩とは「自己の内なる事象」を「外の世界」に位置付けて生み出すものだ。

子どもたちが外の世界をそもそも知らないのならば、比喩を自ら用いることなどできないのは自明の理である。

「テロップ」が思考力を蝕む

再び新聞の話をしよう。

新聞社によって多少の偏向報道がなされること、また、その点が問題視されていることは重々わかっている。それでも、インターネットのニュースサイトに比べれば新聞報道はニュートラルなものを読者に提供しようと努めていることが多い。

インターネットのニュースサイトを観察していると、その内容の幅に驚かされる。シビアな国際問題を扱っているかと思いきや、同じページには芸能ニュースの見出しが躍っていて、それをクリックすると、テレビ番組で発言した芸能人の「どうでもいい話」が簡単な説明とともに登場する。

子どもたちが引きつけられるのは後者の類いの「ニュース」であろう。

そのようなお手軽に作成された情報は、書き手の主観が多分に含まれた「ストーリー性」に満ちたものに仕上がっている。言い換えれば、読者が書き手によって感情をコントロールされやすい記事と見なすことができる。そこで読み手が立ち止まって、あれやこれやを考える隙を与えない。問題意識など一切持たずに「楽」に読める文章である。

これはテレビのバラエティ番組などで多用される「会話のテロップ（字幕）」とある種同じである。視聴者はテレビによって重要な部分、そうでない部分を一方的に決めつけられることにより、能動的な思考力を蝕《むしば》まれていく。

比喩表現が理解できない子どもたちは「わかりやすい世界」に身を置き、健全な批判精神を失っているからだと述べたが、こういう側面から考えても、子どもたちは自らじっくりとその事象を検証するという姿勢からどんどん遠ざかっているのだ。

第四章　「季節感」がわからない

タワマン育ちの子どもたち

「ＬＩＮＥ的世界」の特徴の一つが、閉鎖的空間であることは先述した通りである。

そして、最近は、子どもたちを取り巻く住環境が急速に「ＬＩＮＥ化」されていることにお気づきだろうか。

塾で小学校六年生の授業をおこなっているとき、話の流れから「家のお手伝い」について子どもたちに質問していた。

「干してある洗濯物の取り込みを手伝っている人はどれくらいいるの？」

クラスの何人かがパラパラと挙手をする。

「冬になるとベランダやバルコニーに出て、洗濯物を回収するのってなかなかつらいよな？」

わたしがそう問いかけると、男子の一人は鳩が豆鉄砲を食ったような表情を見せた。

「え？　洗濯物って外に干すの？　ウチ、外に出ることできないし」

彼が住んでいるのはタワーマンションの四十数階。安全面を考えて、バルコニーは設置せず、窓すら開けられないようになっているとのこと。ただし、二四時間自動換気システムを導入していて、息苦しさは全く感じないという。そして、洗濯物は乾燥機の付いている浴室で干すらしい。

ほかの子どもたちも「そうそう」と同意している。

わたしが教鞭を執っているのは東京都港区であり、在塾生のおよそ六割がタワーマンションに住んでいる。

二〇一六年一月三〇日付で「23区　転入超過8％増　都心志向鮮明に」という新聞記事が出ていた。その一部を抜粋したい。

〈総務省が29日発表した住民基本台帳に基づく2015年の人口移動報告によると、東京23区への日本人の転入超過数は14年比8％増の6万8917人だった。転入者数は都内からが47％を占め、23区内での移動が40％に達する。千代田・港・中央の都心3区は転入者の50％前後が都内の他区から来ている。全国から東京へ、都内ではより都心へという流れが鮮明だ。（中略）

都心部への人口流入の背景には、新築マンションの供給拡大がある。住友不動産は15年9

月、中央区晴海に超高層マンション「ドゥ・トゥール　キャナル&スパ」を完成させた。全1450戸で平均価格は8000万円前後。販売は好調で、モデルルームへの来場は1万件を超えた。

中央区では三菱地所と鹿島が16年にも、晴海に800戸超の超高層マンションを完成させる予定。20年五輪を見据え、都心部や臨海部では大型マンションの建設計画が相次ぐ見通しで、中古マンションの人気も高い〉（日本経済新聞より）

東京の臨海部ではここ数年タワーマンションの建設ラッシュが続いている。臨海部で既に建設され住民が入居している一棟二〇〇戸以上のタワーマンション数を調べてみると、汐留・芝・芝浦地域で五棟、勝どき・晴海・佃・月島地域で一一棟、豊洲・東雲《しののめ》地域では実に一七棟、有明・台場地域では六棟となっている（もちろん、いまこの瞬間にも増加している）。

このタワーマンションの林立は東京臨海部に限った話ではない。千葉県浦安市にも多く建設されているし、最近は神奈川県川崎市の武蔵小杉が「タワマン街」と形容され、街そのものが大きく発展している。また、大阪府大阪市や愛知県名古屋市などでは富裕層向けのタワーマンションが増加しているとか。

わたしは幾つかのタワーマンション群に直接足を運んだことがある。

空に向かってそびえ立つ建物に圧倒されつつ、エントランスへと向かった。正面玄関は二重のオートロック、さらに、三六五日二四時間有人管理システムが導入されている。その玄関を抜けると目の前に五〇人程度のキャパシティを擁するラウンジ、そして、コンシェルジュサービスのデスクが出迎える。さながら一流ホテルのようだ。共用施設・共用サービスともに充実していて、ライブラリールーム、パーティールーム、ゲストルーム、ミーティングルーム、シアタールーム、キッズルームなどの用途別部屋を用意しているほか、フィットネスジムやバーラウンジ、テニスコート、音楽スタジオ、茶室、コンビニエンスストアなど盛りだくさんだ。もちろん、そのすべてが入居者専用施設である。

タワーマンションの美しさが際立つのは夜である。マンション上層階からの眺めはもちろんのこと、川面に光を映し出しながら光り輝くタワーマンションの遠景は幻想的で陶酔《とうすい》させられる。わたしにとっては小学生の頃に漠然と思い描いた「未来都市」が顕現《けんげん》したかのように感じられた。

さて、わたしは子どもたちが身を置く住環境によって、それぞれ多くの課題があると考えている。

数年前、ある教育本が刊行され、そこでは「タワーマンション暮らしの子どもは成績が低迷する」と断じていた。目を通すと確かに一理あると感じられたが、所詮「一理」しかなく、その断定の仕方はいささか乱暴である。

わたしはタワーマンションの暮らしを闇雲に論難したいわけではない。前述したように、タワーマンションの長所は数多くある。最近は共働きの家庭が多く、子どもたちはこのタワーマンションの管理体制に守られながら日々の生活を送っている。

そのような前提のもと、一例としてここではタワーマンションという住環境が持つ課題について詳しく論じていきたい。

「つらら」はいつできる？

タワーマンションというライフスタイルには多くの長所がある。眺望の良さは言うまでもないが、都心に近い（通勤に便利）にもかかわらず、限られた土地に大量の戸数が確保できるため、一戸あたりの価格を抑えることができる。また、大きなタワーマンションはその敷地内に様々な設備（フィットネスジムや保育施設、コミュニティースペースなど）や店が入居しているため、生活のための広範囲の移動は必要ない。加えて、その管理体制は厳密であり、住民のプライバシーが侵害されるおそれが少ないし、子どもたちだけで留守番させやすい環境と言える。

だが、これらの長所の裏返しとして、とりわけ子どもたちにとっては短所に転ずる問題がある。

端的に言うと、泥臭い生活感がほとんど感じられない場所ゆえ、子どもたちが学習できないことが多々あるのだ。

最たるものは「季節感」である。

先ほどの洗濯物の例でもわかる通り、タワーマンション住まいは外気に触れる機会を少なくしてしまう。風のそよぎも様々な音もなかなか体感できない。バルコニーやベランダが付いていたとしても、その高さからプランターを設置することも禁じているところが多いという。

また、敷地内は一見緑豊かに見えるが、それらは人の手によって整然と管理されている。管理会社は年中似たような景観を維持しようとする。東奔西走するビジネスパーソンが多く入居していることから、タワーマンションの住人の入退去は頻繁であり、常に入居者を募集していることも環境の変化を嫌う一因である。なぜなら、季節に関係なく常に「万全の環境を備えたマンション」を演出しなければならないからだ。

だから、子どもたちが雑草を目にする機会はないし、植えられた草花を引っこ抜けば乱暴な行為であると指弾される。

「生まれも育ちもタワマン」――そんな小学生の男の子を持つ母親からこんな話を聞いた。

「わが子がまだよちよち歩きの頃、九州の実家へ帰った際に近くで遊ばせたのですが、そのときに、小ぶりの石をつかんで離さない。何か珍しいものでも見るように、とても喜んでいたのです。考えてみれば、タワーマンションには小石が転がっていることなどないのです。息子のその姿を見たときに、『いまのままの住環境でよしとしてはいけない』と痛感させられましたね」

母親はこの出来事がきっかけとなり、その後、わが子を積極的に自然豊かな郊外へ連れ出すようになったという。

さらに、タワーマンションの上層階からの眺めは壮観ではあるが、春夏秋冬目に入る風景の変化をとらえるのは難儀である。

実際に、塾で国語の指導をしていると、子どもたちの季節感覚のズレに驚かされることがよくある。季語が指し示す季節がわからないばかりか、たとえば、「菜の花」「つくし」「ひばり」「風鈴」「花菖蒲《はなしょうぶ》」「菊」「水仙」「つらら」などを具体的に思い浮かべることすら難しい子が増えている。

第一章で言及したが、日本は本来四季の変化に富んだ風光明媚な自然があったため、人は細やかな心情を手に入れたのである。

タワーマンションでのライフスタイルは子どもたちの五感を鈍らせ、フィーリングプアに陥らせてしまう危険性があるのだ。

ゴキブリなんて見たことない

タワーマンション、とりわけ高層階は虫がめったに見られない。虫の飛翔高度には限界があるとともに、風の強いことや地上付近と比較して気温が低いことも関係している。部屋の中で蚊やゴキブリ、ハエなどに遭遇することは稀である。そして、敷地内の様々な植栽には業者によって防虫剤が散布されたり、防虫網が張り巡らされたりしている。

こんな背景があるからだろう。わたしの塾の理科担当講師に話を聞くと、最近は「昆虫」の分野に関心を持てない小学生が激増しているという。「関心を持てない」と書いたが、そもそも「関心を持つ機会」が得られないのである。

そんな状況に警鐘を鳴らす意味があるのか、昨今の中学入試の理科で「身近な昆虫」を題材にした問題が頻出している。たとえば、ある私立中学校では実に六問構成で「ゴキブリの生態」について考えさせる問題が出題され、ゴキブリのスケッチ図を見て、誤っている箇所とその理由を記述させた。その他、ハエ、アブ、蚊、蜂、蟻、蝶、蛾、カマキリ、セミ、テントウムシ、トンボなど……。実に様々な昆虫の知識の有無が入試問題で試されている。

広島大学大学院工学研究科准教授であるとともに、日本昆虫学会、日本半翅類《はんしるい》学会、日本セミの会などに所属する税所康正《さいしょやすまさ》氏は、机上で学ぶ概念論、観念論では物事の本質はつかめず、「虫を捕ることはかわいそうなことだ」と子を諌《いさ》めることに違和感があると自身のブログ（「klingen lassen」）でこう指摘している。

〈かねてより私も言っているのですが、「かわいそう」なことは実際に「かわいそうなこと」をして初めて理解できることで、親に言われたり、本で読んで理解することではないのです。虫を捕って親から「かわいそう」だと言われても子供はそれが「かわいそう」というレッテルが貼られるべきことだとは分かっても、真に「かわいそう」の本質を理解できないのです。（中略）「かわいそうな」ことをして育った子だけが「かわいそう」を理解できる大人になれるという意味です。この「かわいそう」は別の単語で置き換えてもよいでしょう〉

この観点は重要である。第一章で語彙の不足が子どもたちの感情を貧困なものにしていると申し上げたが、体験、とりわけ「他者との触れ合い」を通じてはじめて獲得できる心持ちがあるのだ。

たとえば、他者に対する同情をあらわす日本語は他言語に比べて極めて多いとされている。税所氏の話の中に「かわいそう」ということばが登場したが、このことばの類語を思いつくままに書き出すと、「不憫《ふびん》だ」「気の毒だ」「いじましい」「いたましい」「いとおしい」「いたわしい」「切ない」「哀れだ」「遣《や》り切《き》れない」「遣《や》る瀬《せ》ない」「居《い》た堪《たま》れない」「涙ぐましい」などを列挙することができる。つまり、日本語は他者を思い遣る感情を示すことばに溢れている。

虫という「他者」を子どもたちの周辺から排除してしまうと、このような細やかな感情の基盤づくりに支障をきたすのだ。

論理的にいささか飛躍しているが、「我慢のできない子どもたち」「キレる子どもたち」の出現も、このような人工的な環境と無縁だとは言い切れない。

人が消えた公園で

タワーマンション暮らしを選ぶ家庭は共働きであることが多い。その理由としては、前述したように子どもを留守番させやすい管理体制をとっているからだろう。

実際に、大規模なタワーマンションは建物内に学童保育施設が併設されているところもある。

臨海部のタワーマンションに住む男の子にこう尋ねたことがある。

「家のすぐ裏に運河があるのなら、魚釣りとかできるんじゃない？　先生が子どもだったとき、京浜運河でハゼをたくさん釣ったんだよ」

その男の子はさっと顔を曇らせる。

「あのー、壁があって運河には行けないんです。そもそも釣りは禁止だし……」

管理体制、すなわち子どもたちの安全面を顧慮《こりょ》した結果、彼ら彼女たちにとっては制約だらけの環境になっているのだ。

また、敷地内に設けられた公園の使い勝手がよくないという話も聞く。タワーマンション専用の公園は大変に日当たりが良い。「え？　それはいいことではないか」と思われるかもしれないが、問題は日当たりが良過ぎることだ。

東京大学大学院医学系研究科の研究者であり、こども環境学会副会長である織田正昭氏は、著書『高層マンション　子育ての危険』（メタモル出版）でこう指摘している。

〈公園の中の遊び場には、日差しをよけるべき木陰や日陰がまったくないところがあります。広くて自由に遊びまわれるのは良いでしょうが、真夏は困ります。それは子どもの体の水分の割合は、大人の場合よりも大きいために水分が失われやすく、脱水症を起こしやすいのです。（中略）

さて公園や遊び場に行くといろいろな遊具があります。滑り台はどこの遊園地、公園にもあります。ところがその滑り台が、金属製のために真夏には熱くて滑れない場合があるのです。実際触ってみるとやけどをするくらいの熱さです〉

織田氏曰く、子どもたちや親たちに無視されてしまった公園が増えているという。公園へ行っても誰もいない。だから、つまらなくなって自分も足を運ばなくなる……そんなことが繰り返されているうちに、人の気配すら感じさせないガランとした公園になってしまうとのこと。

わたしは公園が無人化した理由はそれだけではないと考える。共働き世帯の多いタワーマンションの子どもたちは習い事に忙殺されている。そのため、友人同士で共通した「空き時間」などほとんど取れないのが現実だ。

子どもは友人たちとの外遊びによって様々なことを学ぶ。外遊びには怪我がつきものである。いろいろな危険を冒し、失敗を繰り返すことは子どもの心の成長に不可欠であるのは言うまでもない。

そんな環境下にある子どもたちが熱中しているのはニンテンドーDSなどのゲームだという。自分以外誰もいない家の中で、ぽつんとゲームに興じている姿はなんだか切ない。

友人関係も「LINE化」する

国語の授業で「お年寄りにやさしい街づくり」をテーマにした読解問題に取り組んでいたときのこと。

一人の子どもがこんなことばを発した。

「えー、老人ってなんだか邪魔じゃん」

これは極端な例ではあるが、最近の子どもたちの言動をつぶさに観察していると、排他的な要素を含むことばを多く耳にする。

タワーマンションで暮らす母親からこんな驚愕すべき話を聞いた。

「息子の小学校の人間関係ってかなり限定されていて、わたしは不安なんですよね。親子ともども学校内で付き合う人たちが固定化されてしまっているんです」

具体的に説明すると、その小学校に通う生徒の大多数はタワーマンション住まいである。ところが、五棟建てられているマンションの棟ごとの付き合いになってしまう、つまり人間関係が五分されているのだという。

どうしてこのようなことが起こるのだろうか。

大人の多くは働きに出てしまい、人間関係が希薄になりがちなタワーマンションの中では、その棟内にあるロビーや会議室、コミュニティースペースでさまざまな催しがおこなわれ、近隣とのかけがえのない触れ合いの機会になっている。たとえば、節分の豆まきや雛祭り、七夕など……。

子どもたちに季節感を学ばせるという意味では結構なことである。

また、子育てに悩む親同士が集い、ゲストを招いて講演会などを開くこともある。そんなことを繰り返していくうちに、棟内で濃密な人間関係が築き上げられていく。そして、結果的に小学校の親子の付き合いも棟ごとに固定化されてしまうという。

ここで思い返してほしい。

特定の人間同士ばかりの付き合いに重きを置くのは、第一章で言及したＬＩＮＥの「グループ化」と同じではないか。

そう、タワーマンションの付き合いは親子ともども「ＬＩＮＥ化」されているのである。つまり、そこで交わされるのは内輪のことばとなり、知らず知らずのうちに排他的な姿勢をとるようになる。

先に挙げた織田正昭氏の著書『高層マンション　子育ての危険』ではこんな恐ろしい話が登場する。

〈私はかつて分譲マンションと賃貸マンションとが混在している高層マンションで調査したことがあります。そこで以下のような驚くべき経験をしました。それは分譲マンションに住む若いお母さん方が、「うちの棟の敷地に賃貸の（住宅に住んでいる）子どもたちが遊びにきていて困るんです。まったくどういうつもりなのかしら！」というのです。

一方、賃貸の棟に住むお母さんたちは、「うちの子なんか分譲の子どもたちと遊ばせてもらえないんですよ。何もうちの子が悪いことをしているわけではないのに…」と嘆いていました〉

親だけでなく、子どもの人間関係も棟ごとに固定化されると説明したが、これは大人、親たちの持つ妙な連帯感と差別意識がそのまま子どもへと伝染した結果である。

「えー、老人って何だか邪魔じゃん」


先のこの発言がどういう背景で生まれたものか、推して知るべしだ。

また、若い共働き世帯が大半のタワーマンション暮らしにおいて、老人の姿を見かけることは少ないのだろう。実際に、タワーマンションに住む方に話を伺ったが、どんなに広くても間取りは3ＬＤＫ程度であることが多いらしく、二世帯家族はほぼ皆無だという。

このような子どもたちの内輪的、排他的な態度はそのまま国語力低下に直結する。とりわけ、物語文の読解に悪影響を及ぼしている。

他人の気持ちが理解できない

物語文（小説）が楽しいのは、読者である自分が主人公（もしくは他の登場人物）に感情移入して読み進めていき、ドキドキワクワクできる点だ。そして、「普通に生きていたら決して遭遇しない出来事」を手軽に疑似体験できる機会を与えてくれるのだ。

だからこそ、いまの自分とは置かれた状況——たとえば、性別、年齢、国籍、価値観の全く異なる主人公の物語文を読み進めるためには、他者に対して寛容な心と広大無辺な想像力を自身が有していなければならない。

ところが、子どもたちが限られた人間関係の中での内輪的なコミュニケーションばかりに血眼《ちまなこ》になり、排他的になってしまうと、貧困な想像力しか持つことができない。そうなると、自分とは「かけ離れた」境遇の人間に感情移入することなど不可能だ。そして、物語文を読み進められないばかりか、そこに登場する人間関係と心情を客観的に把握することが困難になる。

一例として、小学校中学年向けの物語文の読解問題をみよう。

問　文中「わたしはうきうきしながら言った」とあるが、それはどうしてか。文中のことばを使って五〇字以内で答えなさい。

「ねえねえ、なっちゃん。スリリングな体験をしてみない？」

なっちゃんの机をとんとんとたたいて、わたしはうきうきしながら言った。

「スリリングって……なに？」

「つまり、とってもこわい体験をするってことよ」

「ええ！　なんでわざわざこわい思いしなきゃいけないのよ」

「こわい気持ちとおもしろい気持ちって、きっとにているんだよ。だって遊園地に行くと、必ずといっていいほどお化け屋敷があるじゃない」

「うーん……そういうものかなあ。うん。楽しいかもしれない」

「でしょ。なっちゃんとわたしの二人いればこわくないよ。じゃあ、今度の土曜日の夜八時に山寺の入り口で集合ね。石段をのぼったところにあるお墓できもだめしをしよう！」

「うん。わかった。楽しみだね」


（文章はオリジナル）

正解例は、「なっちゃんをきもだめしに誘い、いっしょにスリリングな体験をすることが楽しみだから。」といった内容になる（もちろん、別解もあるが）。

しかしながら、他者の言動をじっくりと顧みることのできない子どもはこういう読解問題において勝手な解釈をしてしまうことがある。

たとえば、「『わたし』はなっちゃんのことが気に入らず、嫌がらせできもだめしに誘っているにちがいない」とか、あるいは、「『わたし』自身が内心びくびくしながら、なっちゃんに声をかけているにちがいない」とか……。

こういう読解問題を解く際の鉄則は「文中に書かれていることのみを拠り所にして解答を出す」ことだ。丁寧な読み取りができない子どもたちは登場人物の心情（気持ち）を的確に捉えることが難しい。

そして、これはそのまま実生活にも影響する事柄なのだ。

第五章　それなのに「英語」ですか？

「セミリンガル」の恐ろしさ

先日、電車に乗っていると、とある英会話教室の広告が目に留まった。

「お父さん、お母さん。英語を日本語と同じくらい使えたらワクワクするよね」

そんなキャッチコピーが掲げられている。

わたしは違和感を抱くとともに、そこでふと思い浮かんだのは一人の少年の姿だった。

いまから数年前。わたしはとある縁から一人の少年に出会った。

彼は日本の小学校だと一年生に相当する。が、六月生まれの彼はインターナショナルスクールのキンダーガーテン（幼稚部）に属していた。この学校では八月末を区切りとして各学年の設定をしているのである。

インターナショナルスクールは、日本の学校教育法第一章第一条の規定する学校としては認可されていない。そのため、小中学校において義務教育を修了していないと見なされ、学校によっては高校を卒業しても高校卒業程度認定試験を受けないと大学受験資格を得られない場合もある。

明るく元気な彼は実に愛嬌があり、初対面のわたしに対しても臆することなく、ニコニコと話しかけてくる。

彼は不思議な言動をとった。

まず、会話は日本語と英語が混じっている。日本語の占める割合のほうが若干高かったように思う。英語の発音はネイティブさながらである。

「ねえ、矢野さん。ぼくねえ、フレンド（友だち）、一緒、ラニングアレース（駆けっこ）。一番だよ」

インターナショナルスクール内の公用語は英語である。そもそも、日本在住の外国籍を持つ児童の教育施設として設立、発展をしてきたのだから当然だ。実際、彼の通うスクールの大半は外国籍を持つ子どもたちであり、その両親もまた然り。

しかし、彼は日本国籍を有している。両親は日本人であり、家に帰ると公用語がそれまでの「英語」から「日本語」へと変わる。ちなみに、両親は中学生レベルの英語力しか持ち合わせていないという。

彼と接していて気になることがあった。

彼はたびたび奇声を発するのである。「キャー！」とも「ギャー！」とも擬音化できない、その場を切り裂くような大きな声であり、思わずビクッとさせられた。

彼の一挙手一投足を観察していると、奇声を発するタイミングがだんだんわかってきた。少年が自身の吐露したい思いを上手く言語化できず、それに困惑した際に奇声を発するのである。

そして、奇声をあげると、わたしに体ごとぶつかってくる。これが彼なりの精一杯のコミュニケーションなのだろう。

そんな彼を見ていたら、なんだかいたたまれない気持ちになった。


「セミリンガル」ということばがある。母語であるはずの日本語の基盤が確立されていないまま、外国語の教育を受けることで、結果として日本語がしっかり話せず、外国語も十分に話せないという「中途半端」な言語活動を強いられてしまう人を指す。

よくよく考えれば、これはかなり恐ろしい状態である。

この「セミリンガル」ということばは、本来帰国子女に用いられていた用語であり、差別的かつ、侮蔑的なことばとされる向きがある。

このようなことばの背景を承知の上で、わたしはこの少年が「セミリンガル」になっていると確言したい。

彼は海外に住まねばならない状況、複数の言語を使いこなさなければならない環境に置かれているわけではなく、日本に生まれ、日本の地で暮らしつつ「セミリンガル」の状態に陥っているのだ。

両親になぜ彼をインターナショナルスクールに入れたのかを尋ねると、「いやあ、これからのグローバル社会で生き抜いていくためには英語が必須と考えたからなんですよね」と返ってきた。だが、両親はこのままインターナショナルスクールに通わせるべきか悩んでいるという。聞けば、将来的に海外に移住したり、子どもを海外の大学に進学させたりすることなど毛頭考えていない。

わたしはことばの問題だけでなく、彼のこれからの人格形成の上でいまの状態は危機的であることを両親に伝えた。いまのままでは日本語、英語どちらも彼の母語、すなわち基盤にならずに大変な事態になるかもしれないことを切々と説いた。

その後、彼は日本の小学校へ編入をした。編入当初は同級生たちになかなか溶け込めず苦労したらしいが、半年も経つと嬉々として小学校に通えるようになったとのこと。

そして、彼が日本の小学校に慣れるにつれ、和英混在した会話は少しずつ減っていき、日本語を流暢《りゅうちょう》に操れるようになった。

例の奇声はいつの間にか消え失せていたという。

「英語力」が身に付かない訳

これまで見てきたように、子どもたちの日本語運用能力が危機にさらされているにもかかわらず、日本語より英語を学ばなければならないという風潮が年々強くなっているのは、どういうわけだろうか。

ここ最近、わたしの塾に問い合わせをくださる保護者から、次のような話をよく耳にする。

「ウチの子は幼少時から英語教室に通っていて、小学校に入るとネイティブとマンツーマン形式で実践的会話ができるようにと英会話の教室にも通い始めたんです」

「これからの時代、日本の人口は減る一方だし、海外に目を向けないと生き残っていけないですよね。一年に二回は外国の雰囲気を知ってもらおうと海外旅行へ出かけています」

「わが子に進学してもらいたい私立中高は留学に力を入れている学校です。また、英語によるディベートにも力を入れているところなら言うことないですね」

「息子は毎晩三〇分程度スカイプ（マイクロソフト社が提供するインターネット電話サービス）を用いて、ネイティブの英語講師からレッスンを受けています」

英語教育早期化の傾向が強くなっていて、日本の「グローバル化」は着々と進行しているようである。

二〇二〇年に東京オリンピック・パラリンピックが開催されることの影響もあるのだろう。「英語化」の機運は高まる一方だ。

実際に、日本の複数の大企業が「グローバルビジネス」を掲げて社内英語公用語化に踏み切った。その企業の一つ「楽天」会長兼社長の三木谷浩史氏は、日本は英語を第二言語にすべきと著書の中で言及している。

また、子どもたちの英語教育の必修化が進んでいる。二〇二〇年度より小学校五、六年生では正式教科としての英語が週二コマ導入される。中学校の英語授業ではオールイングリッシュ方式（授業中は日本語を一切使わず英語のみで進行する）への移行が検討されている。そして、大学についても講義の半分以上をオールイングリッシュ方式でおこなうことが提案されているとか。

これからの日本の教育改革の目玉は英語教育なのである。

一方で、こんな驚くべきニュースが入ってきた。

文部科学省が二〇一六年二月に公開した「平成二七年度　英語力調査結果（高校三年生）の速報（概要）」によると、日本の高校生の英語の運用能力は壊滅的になっている。

英検であれば「二級」が高校卒業レベルとされているが、その「二級」レベルの力を持つ高校生は全体の二％しかいないという。グローバル人材の育成を目標に掲げて、英語教育の内容がさまざまに変革され、指導を受けてきた世代であるにもかかわらず、だ。

そして、わたしはこれから先、大人たちが「グローバル化」の必要性を説き、英語教育の充実を図ろうとすればするほど、子どもたちの英語の運用能力はさらに崩れていくのではないかと考えている。

それはどうしてか。

英語教育に重点を置くあまり、子どもたちの「日本語教育」が軽視されるようになってしまったからである。

失われる「母語の力」

人間は「母語」でものを考える。

すなわち、日本で生まれ育った人間の多くは「日本語」で思考をおこなう。だから、他言語を学ぶ際は、それをいったん日本語に置き換えてから解釈しなければならない。

その「母語」の運用レベルが低ければどういう事態が起こるだろう。これはすぐに理解できるはずだ。

そう、日本語運用能力が貧困である人間は、他言語をいくら学んでも「母語」以上のレベルには到達できないのである。他言語を自在に操り、その言語圏にある人々と円滑なやり取りをおこない、心の交流をおこなうためには、基盤となる「母語」の力が高いレベルで備わっていなければならない。

そして、真の「グローバル力」とは、自らの基盤となる自国の文化（言語を含む）の理解度の深さと比例するのだと考える。

一人の小学生からこんな「極端」な話を聞いたことがある。

「わたしはゴールデンウィークと夏休みは、必ず家族と海外旅行へ出かけるんです。両親がこれからの時代はグローバルだからって。いままで訪れた国は一〇ヵ国くらいですね。だから、生まれてからいままで飛行機は何十回と乗りましたよ。え、新幹線ですか？　わたし、そう言えば新幹線に乗ったことがないです」

この子は「日本地理」をかなり苦手にしていた。日本の各都道府県の特色がなかなか理解できない。それもそのはずで、都道府県の名を聞いても、日本の中での位置が思い浮かべられないのである。

これが日本地図片手に頻繁に国内旅行をおこなっている子であれば、その特色を上手に相手に説明することができる。

海外旅行ばかりに精を出す環境下に置かれているこの子の「グローバル教育」は上手くいっていないと見なすことができる。

なぜなら、自国の文化に無理解であればあるほど、その「グローバル力」は鈍化の一途をたどるにちがいないだろうから。

中学入試の試験問題の中に出ていた、国際的に活躍するあるバイオリニストの言葉を紹介したい。わたしが言わんとするところをよく示している文章だ。

〈また、自分が日本人である以上、まず第一に、日本のこと、自分の生まれ育った文化について他人に説明できるほどよく知っていなくては根なし草になってしまうことも痛感させられた。その上で、外国文化、つまり、異文化を勉強するのでないと、基本になる尺度をもたずに新しいものを測るようなことになってしまうのだ。ある人とある人、ある人とある社会、ある人とある時代、そういうふうにそれぞれがたがいに影響を与えたり、与えられたりしながら、人間の自己というものは形成されてゆく。だから、さまざまな職業の人々と接し、いろいろな環境の中で生活するということが、自分をどんな立場にもおきかえて考えたり感じたりすることのできる想像力を広げ、人間性を豊かにしていくのだろう〉

社内英語公用語化の失敗

日本の複数の大企業が社内英語公用語化に踏み切ったと先述したが、果たしてそれが上手く機能しているのだろうか。

そのうちの一社に勤める三〇代の女性社員に直接話を聞くことができた。

「社内英語公用語化が導入されましたが、すぐに方向転換を図るのかと思いきや、当初六〇〇点取れればよいとされてきたＴＯＥＩＣ（国際コミュニケーション英語能力テスト）が、いまは八〇〇点以上を目指さなければならないとされています」

そう聞くと、社内の英語力がめきめきと上昇しているように思えるが、決してそうではないという。

「会議は何だか不思議ですよ。普段は英語のみでおこなわれるのですが、かなり重要な案件、こみ入った話であれば、『じゃあ日本語使用もありということで』と英語と日本語を併用した会議になります」

そして、彼女からこんな興味深い話を聞き出せた。

「わたしの会社は社内英語公用語化を導入してから、海外から多くの人材を採用するようになったのです。いまや部署によっては半数以上がそのような人たちで占められるようになりました」

彼女の声のトーンが急に落ちる。

「しかし、彼ら彼女たちの離職率は高い。事前の採用説明で『我が社はオールイングリッシュである』と聞かされていたにもかかわらず、英語の話せない日本人の顧客に応対しなければならない場面が多々あるからでしょう。また、社内は英語化されたといっても、わたしたち日本人社員が学ぶのはあくまでも『ビジネス英語』。言い換えれば、英語による日常会話をほとんど学んでいないのです。そうなると、海外から採用した社員とはビジネスライクな付き合いにしかならず、最も根源的な人間同士としての心の交流が図れないのです」

社内英語公用語化の実現は、国外のビジネスパーソンとのつながりを活性化させると期待してのものだろうが、社内に目を向けると、その「グローバル」な人間関係にこのようなヒビが既に生じているのである。

一定の日本語運用能力を有していると思われる大企業の社員たちですら、英語を通じたコミュニケーションの難しさを痛感している。それなのに、いまの大人たちは、まだ日本語の基盤が充分に固まっていないうちから子どもたちを英語漬けにしようとしている。

このような事態を予見したのだろうか、一〇年以上前の二〇〇四年に文部科学省文化審議会は「これからの時代に求められる国語力について」と題した文章を公開している。その一部を紹介したい。

〈現在、国際化の進展に伴って、（中略）英語をはじめとした外国語を習得することの重要性が盛んに言われるが、論理的思考力を獲得し自己を確立するためにも、外国語の習得においても、母語である国語の能力が大きくかかわっている。

更に言えば、（中略）日本人は日本の文化や伝統を身に付けて世界に出ていくことが必要である。自国の文化や伝統の大切さを真に認識することが、他国の文化や伝統の大切さを理解することにつながっていく。このことは、日本に限らず、どの国にも当てはまることである。各国の文化と伝統の中心は、それぞれの国語であり、その意味で国際化の時代に極めて重要なのが国語力である〉

反論の余地はない。しかしながら、昨今の日本社会全体が推し進めている英語化政策はこの文部科学省のことばを無視している（あるいは、文部科学省自体がすっかり忘れている）ように思えてならない。

和訳も英訳も日本語力が第一

神田外語学院や、複数の大学受験予備校で英語指導をおこなっている合同会社英来舎代表の稲葉義孝氏は次のような例を挙げて、昨今の子どもたちの日本語運用能力のなさが英文解釈に悪影響を及ぼしていると嘆く。次の簡単な英文を和訳してみてほしい。

He took over his family business.

稲葉氏は言う。

「『took over』は『引き継ぐ』という熟語で、子どもたちもこれはすぐにわかるのですが、問題は『family business』という表現ですね。『家族で仕事をすること』ってどういうことだ、と混乱してしまう。彼ら彼女たちに『カギョウ（家業）』ってことだよ、と説明してもそれがどんな漢字で書き表されるのかが皆目見当がつかない。これって英語力ではなく、日本語を知らないことが問題ですよね」

この英文を和訳できないのは、学力レベルが低い層だけではなく、いわゆる一流高校に通っている「高偏差値」の子どもたちも含まれているという。

He had no choice.

「『choice』が『選択』というのは誰でもわかるのですが、ストレートに『彼は何も選択を持たなかった』と和訳してしまう子が多く、『え？ これって何だか日本語として成立していないよな』と途方に暮れてしまうのです」

なるほど、子どもたちは「余地」ということばを知らないのだ。だから、「彼には選択の余地はなかった」という和訳にたどり着けないのである。

また、稲葉氏によると、日本語の基盤が確立していない子どもたちは英訳で苦労することが多いという。

「たとえば、『ゆるす』ということばが日本語で登場したとしますよね。そうなると子どもたちは反射的に『permit』という英単語を使いたがる。でも、『ゆるす』って多義語で、それに対応する英単語はたくさん存在しているのです」

「ゆるす」は日本語でも「許す」「赦す」などの漢字があるが、英語ではさらにその時々のニュアンスによって多くの単語がある。罪や過失をゆるす場合は「forgive」、黙許《もっきょ》するのであれば「tolerate」、見逃すのならば「overlook」、放免するという意味で使用するのであれば「release」、承諾する場合は「admit」など……。

稲葉氏は続ける。

「授業で『たいしょう』と言ったときに、ノートを見るとどの『たいしょう』だかわかっていない子がたくさんいますよ。『対象』『対照』『対称』『大賞』『大将』『大勝』『大正』……いろんな同音異義語が存在していますから、当然、それを把握していなければ適切な英単語を当てはめることもできない」

日本の高校生の英語の運用能力が壊滅的であるデータが示されたことに触れたが、これは英語そのものの力というより日本語力が問題になっていることが稲葉氏の挙げた例からよくわかるのではないか。

英語を解釈する際には、日本語で一度考えることが必要だ。日本語の運用に優れている子どもはその想像力も豊かなものになる。

東京大学名誉教授の行方昭夫《なめかたあきお》氏は著書『英会話不要論』（文春新書）の中でこんな英文を例として挙げている。

Are you a boy or a girl?

直訳すると「あなたは少年ですか、少女ですか？」となり、実際にはありえない文章のように思える。

しかし、「髪の毛を長く伸ばした少年が久しぶりに実家の祖父に会ったシーン」と考えると、祖父がこういうことばを発してもおかしくないことに気づくだろう。

「おい、お前、男か女かわからないぞ」

祖父の皮肉としてとらえるとこの英文が成立する。

こういうシーンを想像する力は母語からしか生まれないのである。

失われた日本昔話

わたしは国語の授業冒頭で漢字テストをおこなっていた。前週、テストで出題する漢字の範囲（テキストの何ページから何ページといったように）を伝え、子どもたちはテストに備えて学習してくるはずだったのだが、一人の男の子の表情が何だか冴《さ》えない。

「ひょっとして、漢字の予習をさぼったんじゃないだろうな」

ちょっと意地悪な顔をつくってわたしがそう笑いかけると、彼は首を何度も振ってみせた。

「そんなことありません。ちゃんとやりました」

果たして、彼はぶっちぎりでクラス内最下位の得点。合格点には遥かに及ばなかった。彼は結果を知るやいなやフーッと溜息をつき、ぼそっと一言。

「やっぱり直前の一時間で一生懸命やっただけじゃ無理かぁ……」

周囲の子どもたちは笑い転げ、彼はわたしに説教される羽目となった。その際に、わたしは彼にこう話しかけた。

「余計な一言さえなければ怒られなかったのに……。君は因幡《いなば》の白兎《しろうさぎ》みたいだな」

すると、彼は鳩が豆鉄砲を食ったような顔をした。

見ると、周囲の子どもたちも目が点になっている。

その様子を見たわたしは矢継ぎ早にこう尋ねる。

「みんな、因幡の白兎の昔話は知っているよね？」

わたしが驚かされたのは、その場にいた子どもたち全員がかぶりを振ったことだ。

昨今の子どもたちは、日本の「昔話」「民話」を本当に知らない。

わたしたちはこれらの話を絵本ではじめて知るケースが多いのではないだろうか。

書店の絵本のコーナーに足を運んでみよう。

『ももたろう』をはじめとした「昔話」「民話」の絵本はまだまだたくさん陳列されている

のだが、それを駆逐するかのように存在感を放つようになったのが「英語絵本」である。子どもたちの多くは幼少時よりこれらの英語絵本に親しんでいる。だが、一方で先に挙げた日本古来より語り継がれているお話から遠ざかるようになっている。

英語教育の早期化は過熱の一途をたどっている。

矢野経済研究所が二〇一五年七月に公開したデータによると、二〇一四年度の「お稽古・習い事市場」規模は前年度から微減の一兆九八五八億円であり、ほとんどの分野が市場規模を縮小させる中、英語教室はその市場規模を拡大し、いまや全体の一五%強を占めるようになったとのこと。小学校における英語必修化が要因だろうと分析されている。

確かに、わたしの娘（小学生）や息子（幼稚園児）の友人たちの習い事の話題が耳に入ってくるが、幼少期からの英語教育は当たり前になっている。

子どもたちを対象にした英語教室は乱立し、その指導内容も多岐にわたっている。オールイングリッシュでのグループ指導、英語と音楽を組み合わせた指導、ネイティブによるマンツーマンのレッスン……。そして、対象年齢はぐんぐん下がり、英語教室の中には「胎児からの英会話コース」などというものもある。音楽に合わせて母親が英語の歌を胎児に歌って聴かせるとか。いわゆる「胎教」というやつである。ここまでくると、どうコメントしたらよいか、ことばに窮してしまう。

いずれにせよ、幼少期より子どもたちに英語を習わせないと将来的に困ったことになる、そういう言説が現代には蔓延《まんえん》している。

わたしは早期化する英語教育を一方的に「害悪」だと決めつけているわけではない。幼少期より異文化に触れるのは子どもたちの多面的な価値観形成に寄与するはずだし、いわゆる「外国人コンプレックス」を払拭する機会にだってなるかもしれない。

しかし、わたしが危惧しているのは、現代の子どもたちが日本の「昔話」「民話」に触れることをしなくなったことが象徴しているように、英語の学習に比重を置くあまり、母語である日本語の学習が疎かになっているのではないかという点である。

補足ながら、日本は世界の中でも有数の絵本文化を有している。その質の高さは海外でも高い評価を受け、多くの日本の絵本が翻訳され読まれている。

日本の絵本の歴史は古く、平安時代が起源と言われている。また、子どもを対象にした絵本が江戸時代には広く普及していた（現存する最も古い子ども向けの絵本は江戸時代初期のもの）。当時の絵本は識字、読解の教育に役立つようにと工夫されていた。昔から子どもたちは絵本を通じて数多くのことばを獲得し、自らの世界を広げていったのである。

アメリカの絵本研究家であるバーバラ・ベイダーは絵本を「子どもにとってひとつの経験である」と定義づけている。

日本の昔話、また民話には古くから受け継がれてきた先人たちの叡智《えいち》が詰まっている。また、普段口にしない慣用表現など多くのことばを知ることができる。ここから目を背けるのは、子どもたちにとって貴重な経験を奪うことになる。

「聞く」「話す」より「読む」「書く」

中学受験専門塾を経営するわたしは、様々な私立中学校高等学校の説明会に足を運ぶことがある。

首都圏の私立中学受験熱のピークは一〇年近く前のことであり、ここ数年は私立中学受験に挑む子どもたちの総数が減少傾向にある（二〇一六年度は一〇年ぶりに私立中学校の受験者数が前年比で上昇した）。

多くの私立中学校は受験生集めに悪戦苦闘している。当然、学校説明会は各校その準備に万全を期して臨んでいる。

その学校独自の教育内容を知りたいのだが、わたしからすると近年は説明会における各校のアピールポイントが画一化していると感じられる。とりわけ異口同音に「グローバル教育」を前面に押し出した説明をおこなっている。

私立中高が取り組む「グローバル教育」というのは概して次のような内容だ。

・ネイティブによるオールイングリッシュの授業の実施。授業を通じて、子どもたちの英語によるディベートの力、プレゼンテーション能力を向上させていく。
・国際交流プログラムの設置。海外への研修旅行や語学研修（短期留学）を積極的におこなったり、交換留学制度などを整えたりして異文化理解を図る。
・「英語劇」や「英語によるスピーチコンテスト」を学校行事に組み込み、日常から英語力を磨ける環境を用意する。
・学年ごとに英検、ＴＯＥＩＣなどでの到達目標値を定め、それに向けてレベル別に区分けしたクラスで対策授業をおこなう。

いま教育現場における語学教育では「四技能」ということばが盛んに用いられている。

「聞く」「話す」「読む」「書く」というのがそれだ。語学を学ぶ上でこの四つすべてが必要不可欠であるのは言うまでもないが、昨今の英語教育は「聞く」「話す」に偏っているように思えてならない。このことは先に列挙した私立中高のグローバル教育の具体例を見れば首肯《しゅこう》できるだろう。

一見、海外の人間と交流を深め、その関係性を円滑に築くためには、「聞く」「話す」の二技能が身に付いていれば問題ないように感じてしまう。実際、以前から「日本の英語教育は『読む』『書く』側面ばかりに偏っている」とたびたび論難されてきた。では、英単語、英文法を主軸にした「読む」「書く」の学習指導はこれからの時代に必要ないのだろうか。

そんなことは断じてない。グローバルな時代に向けて英語の運用能力を向上させたいならば、英単語や文法の学習といった従来からの基礎学習こそ大切なのだ。

順天堂大学国際教養学部特任教授の鳥飼玖美子《とりかいくみこ》氏は著書『危うし！　小学校英語』（文春新書）の中で単語・文法の学習を「畳の上の水練」に喩えてこう説明している。

〈単語と文法も基本です。

テニスをするときに、ボールとラケットを渡して、「思うように、このボールを打ってごらん」というわけにはいきません。うまくボールを打って返すためには、それなりの打ち方、フォーム、さらには試合のルールを知る必要があります。

畳の上の水練、と言って、水の中に入らないで泳ぎを覚えることを揶揄することがありますが、畳の上の水練は意外に効果的です。クロールや平泳ぎのフォームを水に入る前に練習して学んでおくと、らくに泳げるようになります。海軍出身の父が教えてくれた練習方法です。

単語も文法も、発音と同じく、覚えるべき「フォーム」であり、「ことばをどう組み立てるか」というルールです。その組み立てがキチンとわかっていないと、自分で文章を作って話したり書いたりすることはできません〉

英語の「読む」「書く」という鍛錬の積み重ねが世界に伍する傑出した人材を生むことだってある。行方昭夫氏(前出)は『英会話不要論』で二人の人物を例に挙げて説明している。

〈大学三年生の時です。私の進学した学科には、英会話、英作文、スピーチ、英語の書き取り、英語での議論を合わせたような英語の授業があり、そこで経験したことです。

指導なさっていたのは羽柴正市先生で、長い留学で母語話者に近い発音をなさいました。その授業に小和田恒《おわだひさし》と明石康という氏名の学生がいました。ともに地方の高校出身だったので、テープもＡＬＴ（筆者註：外国語指導助手）もない時代でしたから、母語話者の話す英語を聞いたことはなかったでしょう。

そのため、二人は最初は沈黙していました。私自身は東京の高校出身であり、教会のバイブルクラスで母語話者によく接していましたので、羽柴先生と英語で議論も可能でした。

しかし、数ヵ月経過すると、無口で憮然としていた二人は、時々中身の濃い発言を文法に適った英語で口にするようになってきました。さらに英作文の場合は、すぐれた解答を先生が読み上げるのですが、二人が提出したものがしばしば選ばれました。やや文語調で、格調高い英文なのです。

会話ができないので、二人の英語力を見くびっていた私は、舌を巻きました。学期が終わる頃には、トップだったのは、この二人でした。

前者が外務省で、後者が国連で大活躍したのは周知のことです。使える英語を完璧に身につけた数少ない日本人でもあります。昔の文法、訳読、英作文だけの英語の授業も充分に役立つことを二人は実証しているのではないでしょうか〉

大変に興味深い話である。そう、真のグローバル能力と形容できる語学力を育むためには、「読む」「書く」という基盤がしっかり構築できているかどうかが鍵を握るのである。「読む」「書く」という従来からの英語教育で問われているものは何か。それは学ぶ人間の母語、すなわち日本語の運用能力であるのは言うまでもない。

しかし、昨今の中高教育では、「聞く」「話す」ばかりに拘泥《こうでい》しているように感じるのだ。

稲葉義孝氏（前出）は苦笑いをする。

「たとえば、多くの私立中高が留学制度を取り入れていて、子どもたちに普段とは異なる環境の下で英語力を強化させようと努めていますが、彼ら彼女たちからしてみると英語を学ぶ確固たる目的など何もないのです。これじゃ、せっかくの留学に意味がない。必要に迫られれば、大学生あるいは大学院生のときに放っておいても自ら留学しようとしますよ。たとえば、チアリーディングの世界大会に出場したいと願って留学した子を知っていますが、そういうケースはいいですよね。必死になって勉強するし、どんどん英語を吸収する」

そして、稲葉氏はことばを添える。

「どんなに時間をかけて外国語を学ぼうが、そのレベルは母語、日本語の運用レベルを超えることはない。最近は英語で論文などを書く際に、自らの意見を組み立てて相手に伝える力がない子どもたちが増えている。理由は簡単です。彼ら彼女たちはそもそも母語においても、その主張が貧困だからです」

わたしは数多くの私立中高の学校説明会に参加していると前述したが、そのほとんどの学校が「英語教育の特色」を声高に訴えるのに、「国語教育」について詳細に触れている学校はない。私学の教員とさまざまな場で直に接する機会があるが、その際に「貴校の国語教育の特色ってどういうものですか?」と尋ねると、途端に黙り込んでしまう教員ばかりだ。

「わが校は子どもたちにとっての母語である国語教育に重きを置いています。『聞く』『話す』『読む』『書く』は国語にこそ求められる技能であり、わたしたちは子どもたちがこれからの社会で活躍するために母語運用能力を存分に高めていきたい」

そんな宣言を高らかにおこなう学校に出合いたいものだ。

そして、こういう学校こそ、何かと「グローバル」が叫ばれる現代にあって、その時宜に適う教育をおこなっていると言えるだろう。

特区戦略で「英語ごっこ」の愚

ここまで読めば、英語教育の早期化が子どものグローバル能力向上を約束するものではないことがわかるだろう。いや、むしろ幼少時より子どもたちを英語漬けにしてしまうことが結果としてグローバル能力の涵養《かんよう》を阻害することにもなりかねない。

にもかかわらず、「英語力の向上は国家の利益に直結する」という考えのもと、いまの日本政府や企業は英語化を軽挙妄動に推し進めている。

前述した「小学校における英語教育の必修化」、グローバル人材の養成を掲げた「大学授業の英語化」、大企業における「社内英語公用語化」……。

そして、内閣官房が主導して、各分野の「識者」を集めておこなっている「クールジャパン推進会議」では、二〇一四年八月二六日に驚愕すべきこんな提言が出された。

「公用語を英語とする英語特区をつくる」

当日配付された「クールジャパン提言」の冊子には、この「特区戦略」が次のように説明されている。

〈公用語を英語とする特区を創設し、気軽に「英語漬け」環境に親しめる状況をつくる。例えば、特区内では公共の場での会話は英語のみに限定する。また、視聴できるテレビ番組は副音声放送がある番組とするほか、販売される書籍・新聞は英語媒体とする。特区内で事業活動する企業が、社内共通語の英語化や社員の英語能力向上に資する活動を積極的に展開する等の一定条件を満たした場合、税制上の優遇措置を図る〉

奇妙な戦略である。

そこは日本であるはずなのに、日本語を用いることは決して許されない地区を設けるというのである。その場所で公用語である日本語を捨て去り、身振り手振りを交えた英語による会話を必死に繰り広げている日本人たちは、海外の人間の目にどのように映るのだろう。この国の人間はなぜ「英語ごっこ」に興じているのか？　と訝《いぶか》しく思うにちがいない。

いずれにせよ、官民一体となって英語偏重教育を加速度的に進めていることがよくわかる戦略案だ。

九州大学大学院准教授である施光恒《せてるひさ》氏は著書『英語化は愚民化』（集英社新書）で、いまの日本の英語化推進の流れは日本語を構築してきた先人たちに対する冒瀆《ぼうとく》であるとともに、国民を分断しかねない憂慮すべき事態であると切言している。

〈ヨーロッパの近代化と同じように、明治時代に日本の近代化が成し遂げられたのは、結局のところ、「普遍」と目された外来の先進の知識を積極的に学びつつ、それを翻訳し、日本語や日本文化のなかに巧みに位置付け、広く一般庶民に活用しやすくしたためであった。

（中略）

そう考えると、現在、日本で叫ばれている英語化の推進は、非常にまずい帰結を日本社会にもたらすと予測できる。（中略）

たとえば、「政治や経済に積極的に参加できる人々はカネや能力や時間（余暇）を有する特権的な人々に限られてしまう」こと。「英語が使えるか使えないかによって経済的な格差も生じ、格差社会化が進む」こと。

さらに、「格差社会化の進展に伴って、日本人という国民の一体感も失われていく」ということ。英語が得意で、英語で仕事をするようになった日本人は、英語のできない日本人をどうしても軽く扱うことになり、他方、英語が不得手な日本人は、英語を用いる日本人に対して敵意にも似たコンプレックスを抱くようになる。その先に待っているのは、まさに国民

の分断だ〉

英語化推進の果ては日本の社会構造を壊してしまいかねないと指摘する施氏の舌鋒は鋭い。

この指摘はもっともで、いまの日本の英語化推進の波は自国が危難に遭う可能性を高めるとわたしは考える。

その一方で、「英語が日本人に浸透することはなく、最終的には母語に立ち戻っていくのではないか」とわたしは楽観視しているところがある。

日本語は日本の歴史の中で幾多の危機に晒されてきた。

その最たるものは、明治時代初期に唱えられた「英語公用語化論」である。西欧列強に伍する力を日本がつけるためには、日本語では不十分であるという考えから生まれた戦略である。しかし、これは当時の多くの識者が英知を結集させ、「外国語には存在するが、日本語には存在しないことば」を次々と翻訳し、「新語」を獲得することで解決を図った。

近年では、小渕恵三首相（当時）が設立した私的諮問機関「『21世紀日本の構想』懇談会」が二〇〇〇年に公表した報告書で「英語第二公用語化」の計画を打ち出したが、結局は頓挫《とんざ》している。

日本はずいぶん昔から中学校に入ると英語授業が必修となる。中高合わせると六年間、大学まで通えば一〇年間英語を学び続けることになるわけだが、昔もいまも「学生のほとんどが流暢な英語運用能力を身に付ける」ようには結実していない。よくよく考えると、これは不思議なことである。

なぜ、わたしたちはあんなに長時間かけて学んできたはずの英語を自在に操れず、いつしか忘れていくのだろうか。

それは、わたしたち日本人は「英語がなくても困らない環境」の中で生きているからにほかならない。

この環境は決して不名誉なものではなく、むしろ日本が成熟した国であることを意味している。日本で暮らす人々の大多数が「健康で文化的な最低限度」の生活を送れているため、生活レベルの向上を求めて日本から他国に逃れる必要はない。

いつまでたっても英語ができない。それは言い換えれば、日本が「幸せな国」である証である。

川﨑宗則の「会話力」

グローバル能力とは何か。二〇一五年の秋、テレビのスポーツ番組でそのことを考えさせられる場面を見た。

二〇一五年度までアメリカ大リーグ・ブルージェイズに所属していた川﨑宗則選手が「ア・リーグ優勝決定シリーズ」への進出を決めた試合の直後、地元テレビ局の中継に飛び入りした映像が流れていた。

川﨑選手はリポーター二人と肩を組むような体勢で、身振り手振りを交え、満面の笑みで片言の英語を駆使して話している。

「Today, no hangover.」（今日は二日酔いしていないよ）

そう切り出すと、これからの試合に向けた決意をこう述べた。

「We are never scared.(...) No thinking. Just swing. Just throw. Just catch. Don't think everybody, just win!」（ぼくたちは何も恐れていない。振って、投げて、捕って、勝つことのみを考えている！）

そして、川﨑選手は自分の英語は上達したかとリポーターに尋ね、「上手になっている」と褒められると、

「I have two books, bro!」（教科書を二冊持っているからね）

冗談交じりにそう言い放つとその場を離れていった。

この様子をニューヨークの地元紙「デイリーニューズ」は「ブルージェイズのムネノリ・カワサキの歴史に残るインタビュー」と題し、動画付きで特集記事を配信している。

川﨑選手は「トロントで最も愛される日本人」と形容され、地元紙は「川﨑が愛される七つの理由」というコラムを掲載した。チームメイト、そして、メディアを味方につけて片言の英語で笑っている川﨑選手を見て、わたしは「真のグローバル能力というのはこういうことだ」といたく感心した。

もちろん、彼はメジャーリーガーであり、周囲から一目置かれる存在である。しかし、彼がたとえ無名の「外国人」だったとしても、このような性格の持ち主は、異文化にすっと溶け込み、みんなから愛される存在になるにちがいない。

彼の賞賛すべきところは、片言の英語しか話せない自分を恥じるのではなく（むしろ、その短所を武器にして）、新しい世界に思い切って飛び込んでいく勇ましさを有しているところである。

実際、彼の英語力は目を見張るくらいめきめきと上達している。

大リーグに移籍した当初は「アイムジャパニーーーズ！」と叫ぶ程度にしか自己紹介できなかったが、いまや多少のぎこちなさはあっても、英会話による相手とのコミュニケーションをしっかりと成立させている。

「真のグローバル能力」というのは、この川﨑選手の例からもわかるように、「異文化で暮らす相手と『壁』を作らず、相手を尊重しつつ、いかにしてそこに飛び込んでいくか」である。

そして、ネイティブ顔負けの流暢な英語など話せなくても、自分を飾らずにその場に溶け込もうと努めれば、自然と周囲からの温かい支えに恵まれることになる。

人は人とコミュニケーションを図る際、相手のことばの巧みさに心を動かされるわけではなく、その人間性、換言すれば「愛嬌」に対して手を差し伸べようとする。

では、その人間性を育むことばとは何か。

それは母語である日本語以外に存在しない。

わたしたちは母語、日本語によって人格形成に直結する己の内的世界を構築していくのである。

これからの日本が国際化の道への歩みを早めていくならば、わたしたちが真っ先に取り組むべきは「母語（日本語）教育」なのである。

前出の稲葉義孝氏のことばは力強い。

「高度な日本語教育がいまこそ必要。それが実現すれば、英語なんてあとからいくらでも自身の中に取り込んでいけますよ」

そんな稲葉氏にわたしは尋ねた。

「いま、英語、英語……って世の中が偏ってしまっているのは、わたしたちが英語を母語にする話者に対してコンプレックスを抱いているからでしょうか。そして、二〇二〇年の東京オリンピック・パラリンピックの開催決定がその劣等感を刺激しちゃったんでしょうかねえ」

そのことばに頷きながら、稲葉氏は実にシンプルな回答をくれた。

「日本は日本である——この当たり前のことを皆が忘れているんじゃないですか。世界広しといえども、自国内で海外の人たちのことばに合わせようと努めているのは日本くらいですよ。ここは紛れもなく日本なのだから、海外からやってくる人には『日本に来るなら、ぜひ日本語を勉強していらっしゃいね』という姿勢でいいと思いますよ」

母語の日本語、英語の双方が中途半端。そんな「セミリンガル」と化した子どもたちを生み出すような環境は避けなければならない。

まずは、日本語の力を磨くこと。それこそが日本が「国際化」する近道なのである。

第六章　「日本語力」を取り戻すために

「立ち止まる力」を持とう

様々な例を挙げてきたが、「LINE」に代表されるように、現代の子どもたちは日本語運用能力を削いでしまう幾多の「障害物」の内側で生きているように思えてならない。

子どもたちを取り巻く環境は加速度的に変化している。多種多様な情報に溢れるいまの世の中で、子どもたちは躊躇《ためら》ったり、悩んだり、沈思黙考したりする暇を与えられず、ただひたすらに軽薄で迅速なその場での判断を下さなければいけない。

そんな時代だからこそ、いまの子どもたちに求められるべき日本語学習は「ことばにじっくりと立ち止まり、熟考する姿勢」を育んでいくことだとわたしは考えている。

一つのことば、一つのセンテンス、一つのパラグラフは、じっくり立ち止まり心に刻むことをしない子どもたちの眼前では、ただ無機質な情報として流れていってしまうだけである。

わたしは国語の授業で小学生を教えていて、「ことばに立ち止まれない」子どもたちを多く見てきた。そして、その姿勢が国語の読解問題や知識問題における失点として如実に表れているのだ。

ここまで読んで、実際にスマホを手放せなくなっているような子どもを抱えている方は、「一体どうすればよいのか」と文句の一つも言いたくなるかもしれない。

それでは、「ことばにじっくりと立ち止まる」——この姿勢が求められる国語の問題を幾つか紹介しよう。

いずれも小学生向けの問題で、いまの子どもたちが苦手にしているものばかりである。

「それ」は何を指す?

中学入試の国語を指導していると、読解問題で多く見かけるのは「指示語問題」である。誰しも取り組んだことのある馴染み深いものだろう。

問　次の各文を読んで、——線部「それ」が指し示しているものを文中のことばを使って一〇字以内で答えなさい。

日本人はよく病気の話をする。昼間の休み時間はおろか、帰りの電車の中でもまるで「病気自慢大会」が繰り広げられているようだ。こんな話を好んでする人種は日本人くらいといってよいだろう。反面、アメリカ人は病気のことを「恥ずべきこと」と考え、他人にそのような話をしたりはしないものだ。それにしても、それは情けなく、おどろくほかはない事態といえるだろう。

（文章はオリジナル）

一見、簡単そうに思えるだろうが、これはなかなかの難問である。

「病気の話をすること」

こう解答した人は不正解である。

なぜか。それは「指示語を見たらすぐに直前から解答を探す」癖がついてしまっているからである。

国語の参考書にこの「指示語問題の対処方法」が記述されているが、そのほとんどは「指示語の問題は直前を見て答えを探すこと」と説明される。

が、これは誤りである。解答作業をやり直す前に、次の例文を読んでほしい。

これは日本一高い山である。

なんてことのない平易な文章である。では、「これ」という指示語は何を指すのか？

もちろん、「富士山」である。

でも、「富士山」ということばは例文の中には登場していない。ここがポイントである。

多くの人はこの例文を読んだ途端に、次のような作業を無意識のうちにおこなっている。

「これ」＝「日本一高い山」（解答のヒント）

←

「日本一高い山」＝「富士山」（解答）

ここから言えることは、指示語問題を解くときには、「その指示語を含む一文（もしくは、その前後の部分）を使って解答のヒントを作成する」ことを実践し、その上で、「この解答のヒントと同一内容のものを指示語の直前部分から探す」（それが答えとなる）という作業をおこなうということである。

それでは、先の問題に戻ろう。

まず、「『それ』を含む一文」を用いて、「解答のヒント」を作成しよう。

「それ」＝「情けなく、おどろくほかはない事態」（解答のヒント）

ここから、解答は「意外性」を持った内容にしなければいけないことがわかる。
そう、マイナス要素である「病気の話」がプラス要素である「好まれる」と「同居」してしまっているところに、「意外性」すなわち「おどろき」が生じるのである。
ここに気づけば、容易に正解にたどりつける。

（解答）「病気の話が好きなこと」

どうだろう？　国語の読解問題で頻出する指示語問題は、反射的に解答作業に取りかかるのは大変危険なのである。いったんその指示語の存在している前後の文脈に「立ち止まる」ことが大切なのだ。

ことばをストックする

読解問題ではしばしば「ことばの意味」を問うものが出題される。たとえば、次のような問題である。

問　次の文章を読んで、——線部「驕慢《きょうまん》な態度」の意味として適切なものを次の中から選んで答えなさい。

わたしは「詰め込み教育」ということばには違和感、ある種の疑いを抱いてしまう。それは「子どもに知識を詰め込むことが可能だ」という見方を肯定することばだからだ。つまり、子どもが知識を「吸収する」ことはできず、子どもに知識を「植えつける」ほかないという驕慢な態度がこのことばに伏在しているのだ。

（文章はオリジナル）

ア　どうでもよいと投げやりになる態度。
イ　偉そうに人を見下す態度。

ウ　積極的に自慢をする態度。
エ　人をすぐに疑ってかかる態度。

この問題は「驕慢な態度」の意味を聞いているが、「驕慢」ということばそのものを知っているか否かを問うているわけではない。

ここで求められているのは、文章に対して「立ち止まる」ことなのである。

「驕慢な態度」とは一体どういうことに対して用いられているのかを冷静に考えてみよう。そうすると、この「驕慢な態度」は「子どもは自ら知識を吸収できないという前提で、子どもに知識を（外部から）植えつけるしかないと考える」ことに対して使われていることがわかるだろう。子どもの吸収力を信じることなく、知識を詰め込んでいくしかないと考える大人たちはア〜エのどの態度であると考えられるだろうか。

もちろん、正解は「イ」である。

ここで言いたいことは、この問題に挑む子どもたちが「驕慢」ということばを最初から知っていなくても一向に構わないということだ。文章を丁寧に読み取ることで、難しいことばの意味を前後の文脈から類推できるかどうかが鍵である。

そして、心の片隅にこの「驕慢」という新しく目にしたことばをストックすることが大切なのだ。

横浜国立大学教育人間科学部教授の髙木まさき氏は「ことばのシャワー」という表現で、子どもたちが難解なことばに積極的に触れる環境づくりがいまこそ必要だと説く。

「『ことばのシャワー』、つまり、一定レベルを超えたことばに子どもたちがどんどん触れることが必要です。このことは、『富士山』の三角形の図をイメージしてもらえるとわかりやすい。一番上部の雪に覆われた部分を『日常的に使えることば』だとしますよね。それに対して裾野は『聞いたこと、見たことのあることば』とします。わたしが言いたいのは裾野が狭いと、雪に覆われた部分も狭くなってしまうということです。

教科書ははじめからこの雪に覆われた部分しかターゲットにしていない。だから、子どもたちの語彙が増えづらいと言えます。

たとえば、わたしが小学生のとき、『舞台的』って聞こえることばがありました。でも、『舞台的』って何だろう？　どうも文脈に合わないしなあ……とモヤモヤしていたところ、あるとき、それが『具体的』だとわかって、〈なるほどそうか〉とこのことばが定着したのですね。

それまでに『聞いたことがあるけれど、わからないことば』として裾野にあったことばが一つのきっかけでボンと上（雪に覆われた部分）に引き上げられる。だからこそ、子どもたちは、新聞、読書、あるいは大人との会話を通じて、日頃から裾野の部分を拡げてほしいのです」

「LINE」の世界を例に挙げたように、子どもたちが大人たちから隔絶された世界で生きる時間が多くなってしまうと、彼ら彼女たちの見聞きすることばの範囲が狭まってしまう。

語彙の豊かな子どもたちの親にその教育過程を伺うと、確かに「子どもを子ども扱いして話さない」という話がよく出てくる。つまり、子どもにとっては少々難解なことばであっても、子どもに合わせてその表現を嚙み砕いて伝えるのではなく、気にせずそのまま話しかけるという。辞書を引いて身に付ける語彙など限られている。第二章でも言及したが、子どもたちは自分の周囲に飛び交う「なんだかよくわからない音」と「その音が指し示す対象物」を結びつけることで初めてそのことばを獲得するのだ。

たとえば、「A」→「B（難解なことば）」→「C」という流れで話しかけるとする。子どもは「B」ということばが単独で理解できなくとも、「A」と「C」のコンテクストを対照することで、「B」の意味を何となく把握することができる。そのようなやり取り、経験が蓄積されると、語彙の裾野がぐんぐんと拡がっていくのである。

最近は本を読まない子どもたちが増えてきた。いや、厳密に申し上げると、本を読む子はとことんそれに没頭するが、読書をしない子は、本を手にした経験がほとんどない。この二極化が進行している。

国語の苦手な子どもを持つ親から「ウチの子、読書をしなくて……どうすればいいでしょうか?」という相談がしばしば入る。

耳の痛いことを申し上げるかもしれないが、そういう親自身が読書を好まない傾向がある。

以前、こんな話を塾に通う子どもの親から聞いた。

その子が幼稚園児のとき、家の中で両親が共通の本についての話題で盛り上がっていた。そんな楽しげな両親に子どもは興味を示し、話題の中心になっている本を手に取った。中身を眺めるも、漢字や難解なことばだらけで全く理解ができない……。しかし、それをきっかけに、その子は文字を覚えることを積極的に楽しむようになったとのこと。

その子はこう思ったのだろう。「文字を覚えれば、お父さんやお母さんがあんなに楽しそうに話題にしていた本を自分も読めるはずだ」と。

そう、学ぶことは自分の知らない世界の扉を開くことを直感したのである。

髙木氏（前出）は、大人の子どもに対する接し方についてこんな助言をする。

「大人の中に子どもを引きずりこむ機会を増やすべきです。わたし自身のことを言うと、父親が観光業に携わっていたせいもあって、小さな頃からエラいオッチャンと話をする中で新しいことばを獲得していきましたよ。

わたしに限らず、昔は子どもがそのような経験をする機会に溢れていたと思いますが……。いまは子どもの世界だけで独立しているように感じます」

確かに、大人たちに囲まれている子どもは「マセて」いることが多い。語彙が豊富なだけでなく、論理的に自身の意見を相手に伝えることができる。

それに対して、他者である大人たちと接する場面が少ない子どもたちは、論理的思考力が貧困になりがちだ。

風が吹けば桶屋が儲かる

「風（大風）が吹けば桶屋が儲かる」、このことわざを知らない人は少ないだろう。江戸時代の浮世草子が初出とされるこの表現は、次のような事象を例としている。

「大風が吹くと、砂埃が舞い上がる」
←
「その砂埃が目に入り、失明してしまう人が増える」
←
「目の不自由な人たちの多くは三味線で生計を立てることになる」
←
「三味線に使う猫の皮がたくさん必要になる」
←
「多くの猫が捕らえられる」
←

「猫の数が減ると、ネズミが増える」
←
「桶がネズミにかじられ損傷する」
←
「桶の需要が増えて、桶屋が儲かる」

つまり、「ある物事が発生することで、全く関係がないと思われる場所・物事に影響が及ぶこと」を喩えたことわざである。因果関係の妙をあらわしている。

しかし、「風が吹けば桶屋が儲かる」のことわざを知らない人間は、その論理があまりにも飛躍しているため、それが何を意味しているのか皆目見当がつかないだろう。

大人たちと接する機会が減っている、あるいは、LINEをはじめとした内輪の言語が跋扈している世界に生きる子どもたちは、物事を論理的に（筋道立てて）相手に説明することが不得手になっている。

そうなのだ。「風が吹けば桶屋が儲かる」的なことばを発することが増えているのだ。聞く側からすれば、発されることばの因果関係がさっぱり理解できない。しかし、話している当人だけはその道筋がわかっているため、それが相手にも通じると思いこんでいるのである。

そのような子どもたちは、次のような読解問題に手こずってしまう。

問　次の文章を読んで、——線部「ヒロの目からは涙があふれてきた」理由を五〇字以内で答えなさい。

「私さあ、加藤くんに誕生日プレゼントあげようと思っているんだけど、加藤くんが好きなものって、ヒロ、知ってる？」

ヒロは胸が高鳴った。

「そんなの……わかんないよ」

「ふーん……そっか。残念」

奈美子はちぇっと舌打ちした。

それにしても、なんで奈美子って、こんなに無神経なんだろう。こっちの気持ちなどおかまいなしだ。

「でさ、加藤くんってさ……」

「加藤、加藤ってうるせえよ。俺でなく加藤に直接言えよ」

ヒロは駆けだした。背中のうしろから奈美子の気配が完全に消えたとき、ヒロの目からは涙があふれてきた。


（文章はオリジナル）


これは中学受験を志す小学校四年生、五年生レベルの比較的平易な読解問題である。

「奈美子に加藤の誕生日プレゼントを何にしようかとしつこく聞かれ、加藤に直接言えばよいと思ったから。」

「加藤の好きなものを奈美子にたずねられ、答えられなかったことに対して奈美子が残念そうだったから。」

こんなふうに解答する子どもたちは、ひょっとしたら普段から「風が吹けば……」的な会話をしてしまっているかもしれない。

こういう読解問題に対処する際は、「後」から「前」に記述内容を考えていくことが必要だ。

まず、「ヒロの目からは涙があふれてきた」のはなぜか。人の言動・表情には必ず何かしらの心情（気持ち）が働いている。この場合、ヒロは「悲しい気持ち」なのである。

次に、ヒロはなぜ「悲しい気持ち」なのかを書き出そう。それは「奈美子がヒロの気持ちなどおかまいなしに加藤のことを無神経にたずねてくるから」である。

最後に、その「ヒロの気持ち」とは具体的にどういうものだろうか。ヒロに加藤のことを聞くのは「無神経」だと書かれていることから、ヒロは奈美子に対して「好意」を寄せていることが読み取れるだろう。

因果関係を「逆算」してこのレベルにまでたどりつければ容易に解答できるはずだ。


（解答）「ヒロは奈美子に好意を寄せているのに、奈美子が無神経に加藤くんの話をふってくるので、悲しかったから。」

ここでも、文章に「立ち止まる」力が求められている。因果関係を丁寧に整理し、それをしっかりつなぎあわせて相手に伝えていく。これは日々の生活の中で必須の能力である。こういう作業が苦手な子どもたちが増えているのは、そもそも相手への配慮が必要な場面に置かれることが少なくなった環境が影響している。

「ＬＩＮＥ」により、内輪の言語ばかりを用いる子どもたち。

「住環境」の変化、「核家族」の生活により、見知らぬ年長者と出会うことの少なくなった子どもたち。

日本語の土台づくりを手間ひまかけておこなわねばならない時期に、英語の学習に時間を費やす環境に置かれる子どもたち。

これらの事例は、子どもたちを「他者への配慮が欠ける」方向に導くという点で一脈通じている。

さらに、「他者への配慮」を子どもたちが持てなくなるということは、同時に子どもたちが「他人」に興味を抱けなくなってしまうことを意味している。

わたしは職業柄、子どもたちの「読書感想文」などに目を通すことがよくあるのだが、子どもたちの作成する文章のほとんどに「熱量」が感じられないのだ。

「読書感想文」とは、本を通じて自分が感動したことや共感したことを中心に書くべきなのに、その大多数は「本に書かれている事実」ばかりを延々と書き写し、最後に一言、「面白かったです」「感動しました」「素晴らしかったです」などと「感想のようなもの」を付け添えて終わらせているものばかり。

これは小学生に限った話ではなく、聞くところによると、大学生であっても似たり寄ったりの状況らしい。

他者の論文に目を通しても、その著者の心の内、そして、「人となり」に関心を持つことなどほとんどない。あくまでもそれは一つの「情報」に過ぎないらしい。

こういう姿勢は、読書感想文だけでなく、わたしが普段指導している子どもたちの「記述答案」にも、悪影響としてまざまざと表れている。

受け手への気配りはあるか

一つのことば、センテンス、パラグラフにじっくりと「立ち止まる」ことをしないと、他者に対する説明能力が失われてしまうと述べた。

子どもたちの記述答案を日々添削している身として痛感していることだ。

わたしは指導している五、六年生に「ことばしらべ」というプリントを毎週配付している。子どもたちが読解に取り組んだ文章内から少々難解だろうと思われることばを厳選し、その語の読み方、意味を調べた上で、その語を用いた例文を自作させるという試みだ。

この「ことばしらべ」、とりわけ例文作成に悪戦苦闘する子どもたちが最初は続出する。「象徴」という語を用いた例文を紹介しよう。

（例文）「わたしはこの点に象徴されているとわたしは感じている。」

例文作成を始めたころは、このレベルの文章となってしまう。

この例文を読んで、何かを感じないだろうか。

彼ら彼女たちはこの文章を読むであろう「他者」（この場合は添削者）を想定していないのだ。

まず、「わたしは」が二度登場しているため「主語・述語」の関係が崩れている。ちょっと読み返せばすぐにわかるミスなのに、文章を作成した時点で「完成したぞ」と勝手に満足をしてしまっている。

そして、「この点」という指示語の使用である。一体、「この点」が指し示しているものは何なのか。それが具体的に書かれていない。これも他者への配慮が足りない「独りよがり」な文章といえる。

もちろん、このような例文を作成させる課題を毎週課していくと、（それまでに添削、訂正された経験を通じて）徐々にではあるが、他者を想定した文章が出来あがってくる。早期のうちに自身の書いた文章を客観的な視点でじっくりと吟味する癖をつけておかないと、丁寧にものを記述する能力が時間の経過とともにどんどん鈍化していってしまう。

もう一つ、子どもたちの記述答案をチェックしていて、また、会話をしていて気になるのは、「修飾表現」の使用法も他者を意識していないため適当になってしまっていることである。

先日、国語の参考書に目を通していたら、こんな問題が掲載されていた。

問　次の文の——線部「時々」が修飾する一文節をぬき出して答えなさい。

時々、そのことがわたしにとってはひどく恐ろしいことのように感じられる。

このような「修飾語」を学習するための例文として選ばれたものは「駄文」ばかりである。「駄文」だからこそ問題として成立するのだ（もちろん、秀でた文学作品の中には、読者の目をその部分に留めさせるため、あえて「修飾語」と「被修飾語」を離しているものもある)。

この「時々」が修飾(説明)している一文節は「感じられる」である。「時々」と「感じられる」の両文節が離れたところにあるため、問題として採択されたのであろう。

しかし、この文は他者を意識しない、かなり不親切なものと言えるのだ。

なぜか。「時々」ということばを見せておいて、それが修飾する部分がかなり後ろのほうにあると、文の意味することがすっと読者(他者)に入ってこない。

この場合、「わたしにとってはそのことがひどく恐ろしいことのように時々感じられる。」とすべきだろう。

修飾語を提示するならば、その直後に被修飾語を登場させるのがわかりやすい。

この「駄文」レベルのものを書いたり、会話をしたりする子どもたちは本当に多い。

修飾語に関わる次の問題を解いてみよう。このような問題に数多く取り組むことで、他者にとってわかりやすい文章とは何かを考えられるようになる。ちなみに、ずいぶん前に青山学院中等部で出題されたものである。

問　次の各組の1~3の語句を、読点を使わないで一つの語句にするにはどう並べたらよい

ですか。例にならって番号で答えなさい。

（例）1　昨日街で会った——少女
2　色の白い——少女
3　帽子のにあう——少女

「昨日街で会った帽子のにあう色の白い少女」にするのが正解なので、解答は「1→3→2」となる。

①
1　雪国の——事件
2　新聞にのった——事件
3　不思議な——事件

②
1　お城のような——教会
2　大きな——教会
3　街の真ん中にある——教会

③
1 小さなかざりのついた――靴
2 革の――靴
3 かかとの高い――靴

④
1 小さな――ミカン
2 おじさんからいただいた――ミカン
3 葉っぱのついた――ミカン

ここでは、例文の解説のみおこないたい。ここが理解できれば、①〜④の問題はいともあっさりと解けるはずである。

例文だが、「1→2→3」の順序にしてはいけないのだろうか。つまり、「昨日街で会った色の白い帽子のにあう少女」という文章である。一見、問題のない文に思える。

しかし、この文は受け手に複数の解釈をもたらす危険性がある。

「色の白い」のは「帽子」なのか「少女」なのかがわからなくなってしまうからだ。

ここまで説明すればおわかりだろう。

適切な位置に修飾語を置かないと受け手を混乱させてしまうのだ。

ここでも受け手への気配りが求められている。


念のため、①〜④の解答を付しておく。

（解答）
① 2→1→3
② 3→1→2
③ 1→3→2
④ 2→3→1

読解問題で身に付く力とは

わたしは中学受験を志す小学生を対象に国語指導を二〇年以上おこなっている。

国語を苦手にしている子どもたちに何度かこんな屁理屈を言われたことがある。

「日本語を喋れたら『国語』の勉強なんて要らないよ」

大人でさえこんなふうに国語の読解問題を批判する。

「この入試問題で使用されている文章の著者に問題を解かせてみたところ、できない問題があった。著者さえ理解できない問題を出題するとは何事か」

「国語は多くの別解があり、正解はひとつではない。要は解釈の違いであり、解答を無理やり一つに絞るのはおかしい」

わたしはこのようなことばに対して、自信を持って「NO」を唱えたい。それらは国語の読解問題に対する浅薄な見方である。

国語の読解問題を解く際に必要なのは、「文章を客観的に分析する」態度だ。

第四章で紹介した物語文の読解問題を再度登場させて、この点を説明しよう。

問　文中「わたしはうきうきしながら言った」とあるが、それはどうしてか。文中のことばを使って五〇字以内で答えなさい。

「ねえねえ、なっちゃん。スリリングな体験をしてみない？」

なっちゃんの机をとんとんとたたいて、わたしはうきうきしながら言った。

「スリリングって……なに？」

「つまり、とってもこわい体験をするってことよ」

「ええ！ なんでわざわざこわい思いしなきゃいけないのよ」

「こわい気持ちとおもしろい気持ちって、きっとにているんだよ。だって遊園地に行くと、必ずといっていいほどお化け屋敷があるじゃない」

「うーん……そういうものかなあ。うん。楽しいかもしれない」

「でしょ。なっちゃんとわたしの二人いればこわくないよ。じゃあ、今度の土曜日の夜八時に山寺の入り口で集合ね。石段をのぼったところにあるお墓できもだめしをしよう！」

「うん。わかった。楽しみだね」


（文章はオリジナル）

ここでは、「なっちゃんをきもだめしに誘い、いっしょにスリリングな体験をすることが楽しみだから。」を解答例として挙げた。

でも、ひょっとしたらこの文章を書いた著者は、解答例とは異なる答えを書くかもしれない。

この本のラストには「普段はリーダー的な存在であるなっちゃんの泣き顔を見たい」とい

う内容がオチとして用意してあり、それが解答に反映されるべきだ……。あるいは、元気になっちゃんを誘う「わたし」のことばの裏側には不安が隠されていて、内心びくびくしているので、それを解答に盛り込まなければならない……など。

しかし、この文章を見る限り、著者の考える「ラストシーン」は登場しない。また、「わたし」の「不安」を感じさせる表現も一切ここでは見られない。

よって、ここは「書かれている内容のみで解答内容を判断」すべきなのである。

著者は思い入れたっぷりに文章を紡いでいく。

本というのは「著者の主観の産物」である。よって、著者に「自著を題材とした問題を客観的に解け」というのは、そもそも難しい話である。

「でも、常に客観的に本を読むなんてつまらないよ」

そんな子どもたちの声が聞こえてきそうである。それはその通りだ。

読者である自分がどんどん文章に没頭していき、あれやこれやの想像力を働かせ「行間」を読んでいくことこそ、読書の正しい姿である。

しかし、読解問題はその正反対の態度が求められる。そこに果たしてどんな意味があるのだろうか。

読解問題で登場する文章は、物語文をはじめとする「文学的文章」と説明文や論説文をはじめとする「論理的文章」に二分される。

わたしは、この二つのジャンルの読解には次のような意味があると感じている。


「文学的文章」↓「人」の気持ちを総合的にとらえる能力を育てる

文学的文章とは「登場人物の気持ちの変化」が描かれている文章である。何をきっかけにしてそれまでの気持ちから新たな気持ちへと変わったのかを丁寧に読み取らなければ、読解問題には太刀打ちできない。そして、登場人物がある気持ちを抱けば、それが「言動・表情」として外に現れる。その過程の理解度を測る問題が頻出する。

また、「詩」も文学的文章の一つに属するが、敢えて単純化して言うならば、「詩」とは「比喩のかたまり」である。第三章で比喩を理解することの重要性を説いたが、子どもたちが「外の世界」に対してどれくらい寛容な態度を持っているのかは「詩を読み取る力」をみると手に取るようにわかる。

「論理的文章」↓「人」の意見の是非（理非）についての冷静な判断力を育てる

論理的文章とは著者に何か主張したい（訴えかけたい）ことがあり、その意見に説得力を持たせるため、様々な具体例（実証データを含む）を挙げたり、自分の考えと対になる他者の意見と比較したりしながら書かれたものである。

著者の言わんとすることが独りよがりなものなのか、あるいは、読み手にとってこれからの行動規範に成り得る価値あるものなのかを文章内容を分析しつつ見極めることが大切である。

「文学的文章」「論理的文章」それぞれの読解の意義に触れたが、端的に言うならば、「人生、主観だけで乗り切れるか？」ということ。

これから先、子どもたちが中学生、高校生、大学生、そして社会人と成長していけばいくほど、他者の「心情」や、他者の「意見」を「客観的」にとらえ、その時々に対処していかなければならない。

そんなときに、国語の読解問題で数多くの文章に触れることは大いに役立つ。わたしはそう確信している。

終章　あとがきに代えて

本書では子どもたちを取り巻く激変する環境と、それがもたらす日本語運用能力の低下について警鐘を鳴らした。

「LINE」の世界にどっぷりと漬かってしまい、そこから逃れることのできなくなってしまった子どもたちを見ていると、つくづく「非教育的な環境」に子どもたちが追いやられていると感じる。

一例を挙げよう。

子どもたちのLINE上のやり取りを注視していると、あることに気づかされる。相手との会話内容が「軽い」ものばかりであり、本音を曝《さら》け出《だ》すことなどほとんどない点だ。「ことばにならない」「ことばにできない」……こんな窮地に追い込まれたときにスタンプでその場を凌ぐという女の子の話を第一章で紹介した。換言すれば、LINE上で自身の本音を相手にぶつけるのは、マナーに反することであると考えているのだろう。あるいは、自身の本音を開陳することで、それをきっかけに自分が周囲の仲間から除け者にされることを恐れているのかもしれない。

このような上辺だけの「ＬＩＮＥ的会話」に子どもたちの生活が支配されてしまうと、知らず知らずのうちに、本音を心の奥深くにしまい込む癖がついてしまう。

実際、小学生の作文を添削していると、どこかで聞いたような一般論をつらつらと並べるばかりで、当人の思いがずしんとこちらに伝わるものには残念ながら滅多に出合えない。大学生から添削をたまに依頼されるのだが、就職活動における「エントリーシート」だって小学生の作文と似たり寄ったりである。どこかのサイトからコピー＆ペーストしたのではないかと疑ってしまうものが多く、「この会社で働きたい」という熱意が伝わってくるようなものを見かけることが極めて少ない。

わたしはＬＩＮＥの使用を即刻中止せよなどとののしるつもりはない。ＬＩＮＥとの付き合い方を誤り、それに「依存」しきってしまうと心の内までＬＩＮＥに浸食されてしまうことを強く申し上げたいのである。

本書で取り上げた幾つもの事例を一読すればわかるだろうが、昨今の子どもたちはいろいろなものに「依存」させられる環境下に置かれている。

最後に、ここで一つ問題を出したい。

「依存」の対義語は何だろうか。

それは、「自立」である。

わたしは「教育」と「自立」は密接な関係にあると考えている。

本書の締めに、「教育」とは何か、そして、その「教育」と「自立」がいかに相互補完的な性質を持つのかを書いておきたい。


昨年、高校時代の同級生と二十数年ぶりに再会する機会に恵まれた。

その一人から、「矢野って何の仕事をしているの?」と尋ねられ、「ああ、教育関連の仕事だよ」と思わず口を衝《つ》いて出たのだが、「子どもたちの中学受験の指導をしているんだ」とすぐに言い直した。

前者の回答はよく考えてみればおかしいことがわかる。

わたしたちは「教育」というと、「受験」や「学校」などに限定してしまいがちである。

しかし、そうではない。世の中はありとあらゆる「教育」に溢れている。たとえば、会社の上司が部下に何かを指図するのだって立派な「教育」である。子育てだってそう。親の子どもに対する言動のほとんどに「教育」の要素が詰まっている。

このように考えると、わたしたちはさまざまな場面で「教育者」になり、また「被教育者」になる。

そもそも「教育」とは何だろうか。また、なぜわたしたちは「教育」に携わるのだろうか。

わたしたちは朝・昼・晩と食事をし、夜は安眠することができる。このような日本に暮らすことができるのは先人たちの情熱と献身的な努力、ときには労苦ともいうべき多くの経験の積み重ねがあったからだ。先人たちは次の世代に対し、少しでも明るい未来をと夢見て引き継がれたバトンを手にしていた。そして、いまわたしたち大人はそのバトンを受け取り、それを次世代、すなわち子どもたちに渡そうとしている。

「教育」とはそのバトンを渡すための手段である。

数年前、わが子と遊んでいたときのこと。わたしはふとこんなことを思った。

「子どもたちは小さいし、自分はまだまだ死ねないな」と。

こう思った途端、気づかされたことがある。

教育における「最終目標」とは、「自分が安堵の胸をなでおろし天に召されること」ではないか。家族の一員として「自分がこの世にもういなくても、子はたくましく生きぬいていけるだろう」という確信が持てることなのではないか。

これは社会の構成員としても同様のことが言えそうである。

「わたしがいなくなったあとでも、この会社は大きく発展していけるだろうな」

「自分がいなくてもこの国は安寧であり続けるんだろうな」

「わたしが昇天したあとでもこの国はずっと平和なんだろうな」

そのように安堵の胸をなでおろすことのできる状態になれるのは大変幸せなことである。

閑話休題。

端的に言うと、「笑って死ねる」ことが教育の到達点ではないか。そう考えると、教育というのは極めてエゴイスティックなものである。エゴなどと少々乱暴なことばを用いてはいるが、そのエゴを完遂させるためには、子どもに対し、次世代に対し、最期の時を迎えるまでそのエゴを決して剥き出しにしてはならない。

「教育」はしばしば「教え育てること」と解釈される。しかし、本当にそうなのか。教え育てれば何とかなるなんて、子どもたちはそんなに単純な存在ではない。わたしはこう思う。「教育」とは自動詞で解すべきであると。すなわち「子どもが自ら教わり、自ら育つ」ように導いていくことだ。子どもの「自立」を第一に考えて、わたしたちは動いていかねばならない。

子どもたちを自立させるために、場合によっては非情にもなるべきだ。子どもが困難にぶつかる、あるいは子どもがつまずいて転んでしまっても、時には「積極的に助けないこと」「前向きな不親切」も必要だ。

子どもたちが自立するためには、他者に対する思いやりを醸成するとともに、他者と円滑にコミュニケーションできるように成長しなければならない。そして、その際に鍵を握るのは本書で繰り返し述べてきたように「日本語運用能力」にほかならない。

いまの子どもたちは恵まれている。もちろん、それは先に述べた先人たちの努力の賜物《たまもの》であり、感謝すべきことだ。しかしながら、「恵まれすぎている」と、そのことがかえって子どもの意欲を削いでしまうことがある。それは「学び」においても同様。

親がよかれと思い、子にあれやこれやの物を与える、あるいは寄り添って勉強をみてやる……もちろん、そうせざるを得ない場面は多々ある。しかしそればかりでは「指示待ち」の子どもになってしまうし、勉強を「やらされるもの」というネガティブなものとして捉えてしまう。

勉強、学ぶということは、そもそもとても楽しいこと。それはそうだ。学びは「いままで知らなかった新しい世界」を見せてくれるのだから。繰り返しになるが、学ぶことは楽しく、そしてエキサイティングなものだ。

わたしは長年「受験指導」に従事してきた。「受験」というとやれ競争だとか、偏差値偏重教育だとか指弾されることがある。しかし、それは一面的な見方だ。わたしは中学受験の学習を通じて、子どもたちに学ぶことの面白さを体感してほしい。自らが手を伸ばして多くの知識を獲得する姿勢を培ってもらいたい。そして、未来を切り拓く原動力となる「日本語運用能力」を身に纏ってほしい。そう思って日々教鞭を執っている。

本書の刊行に際し、多くの人たちのご協力があった。

とりわけ貴重な時間を割いて、対面取材に応じてくださった横浜国立大学教育人間科学部教授の髙木まさき先生、合同会社英来舎代表の稲葉義孝先生。

そして、企画段階から刊行に至る過程で叱咤激励の声を常にかけてくださったのは、講談社第一事業局企画部担当部長の鈴木崇之氏。

ここに心より感謝のことばを申し上げる。

本書を通読してくださった皆様が、いまの子どもたちにとって「ためになる」日本語の教育の在り方を考える機会となれば幸甚の至りである。

二〇一六年三月

矢野耕平

【参考文献一覧】

金田一春彦『日本語 新版（上・下）』（岩波新書）
中島文雄『日本語の構造』（岩波新書）
内田樹・名越康文『14歳の子を持つ親たちへ』（新潮新書）
柳田邦男『言葉の力、生きる力』（新潮文庫）
近藤昭一『モバイル社会を生きる子どもたち』（時事通信出版局）
織田正昭『高層マンション 子育ての危険』（メタモル出版）
湯沢雍彦『データで読む 平成期の家族問題』（朝日新聞出版）
瓜生武『家族関係学入門』（日本評論社）
山田昌弘『迷走する家族』（有斐閣）
鳥越皓之『「サザエさん」的コミュニティの法則』（生活人新書）
エドワード・S・モース『日本その日その日（1〜3）』（東洋文庫）
柏木惠子『家族心理学』（東京大学出版会）
髙木まさき編著『情報リテラシー』（明治図書出版）
髙木まさき『国語科における言語活動の授業づくり入門』（教育開発研究所）

中村明『比喩表現の世界』（筑摩選書）
行方昭夫『英会話不要論』（文春新書）
鳥飼玖美子『危うし！　小学校英語』（文春新書）
市川力『英語を子どもに教えるな』（中公新書ラクレ）
施光恒『英語化は愚民化』（集英社新書）
鷲田清一『わかりやすいはわかりにくい？』（ちくま新書）
矢野耕平『13歳からのことば事典』（メイツ出版）
学研辞典編集部編『用例でわかる故事ことわざ辞典』（学習研究社）

矢野耕平

1973年、東京生まれ。大手進学塾講師を経て、中学受験専門塾スタジオキャンパスを設立し、代表に。現在も講師として小学生の国語・社会の指導に携わる。講師歴は22年。著書に『女子御三家　桜蔭・女子学院・雙葉の秘密』（文春新書）、『中学受験で子どもを伸ばす親 ダメにする親』（ダイヤモンド社）など。

講談社＋α新書 726-1 A

LINE《ライン》で子《こ》どもがバカになる

「日本語」大崩壊

矢野耕平《やのこうへい》

2016年4月20日第1刷発行

発行者――――――― 鈴木 哲

発行所――――――― 株式会社 講談社

東京都文京区音羽2-12-21 〒112-8001

電話 編集(03)5395-3522

販売(03)5395-4415

業務(03)5395-3615

デザイン――――― 鈴木成一デザイン室

カバー印刷――― 共同印刷株式会社

印刷―――――― 慶昌堂印刷株式会社

製本―――――― 牧製本印刷株式会社

本文データ制作―― 講談社デジタル製作部

定価はカバーに表示してあります。

落丁本・乱丁本は購入書店名を明記のうえ、小社業務あてにお送りください。

送料は小社負担にてお取り替えします。

なお、この本の内容についてのお問い合わせは第一事業局企画部「＋α新書」あてにお願いいたします。

Printed in Japan

ISBN978-4-06-272935-2

講談社+α新書

タイトル	サブタイトル	著者	解説	価格	番号
まずは、ゲイの友だちをつくりなさい	LGBT初級講座	松中 権	バレないチカラ、盛るチカラ、二股力、座持ち力…ゲイ能力を身につければあなたも超ハッピーに	840円	693-1 A
ムダながん治療を受けない64の知恵	医者任せが命を縮める	小野寺時夫	「先生にお任せします」は禁句！無謀な手術、抗がん剤の乱用で苦しむ患者を救う福音書！	840円	694-1 B
「悪い脂が消える体」のつくり方	肉をどんどん食べて100歳まで元気に生きる	吉川敏一	脂っこい肉などを食べることが悪いのではない、それを体内で酸化させなければ、元気で長生き	840円	695-1 B
2枚目の名刺 未来を変える働き方		米倉誠一郎	イノベーション研究の第一人者が贈る新機軸!!名刺からはじめる"寄り道的働き方"のススメ	840円	696-1 C
ローマ法王に米を食べさせた男	過疎の村を救ったスーパー公務員は何をしたか？	高野誠鮮	ローマ法王、木村秋則、NASA、首相も味方にして限界集落から脱却させた公務員の活躍！	890円	697-1 C
格差社会で金持ちこそが滅びる		ルディー和子	人類の起源、国際慣習から「常識のウソ」を突き真の成功法則と日本人像を提言する画期的一冊	840円	698-1 C
天才のノート術	連想が連想を呼ぶマインドマップ®「内山式」超思考法	内山雅人	ノートの使い方を変えれば人生が変わる。マインドマップを活用した思考術の第一人者が教示	880円	699-1 C
イスラム聖戦テロの脅威	日本はジハード主義と闘えるのか	松本光弘	どうなるイスラム国。外事警察の司令塔の情報分析。佐藤優、高橋和夫、福田和也各氏絶賛！	920円	700-1 C
悲しみを抱きしめて	御巣鷹・日航機墜落事故の30年	西村匡史	悲劇の事故から30年。深い悲しみの果てに遺族たちが掴んだ一筋の希望とは。涙と感動の物語	890円	701-1 A
フランス人は人生を三分割して味わい尽くす		吉村葉子	フランス人と日本人のいいとこ取りで暮らせたら、人生はこんなに豊かで楽しくなる！	800円	702-1 A
専業主婦で儲ける！	サラリーマン家計を破綻から救う世界一シンプルな方法	井戸美枝	「103万円の壁」に騙されるな。夫の給料UP、節約、資産運用より早く確実な生き残り術	840円	703-1 D

表示価格はすべて本体価格（税別）です。本体価格は変更することがあります

講談社+α新書

75・5%の人が性格を変えて成功できる　心理学×統計学「ディグラム性格診断」が明かす〈あなたの真実〉
木原誠太郎×ディグラム・ラボ
怖いほど当たると話題のディグラムで性格タイプ別に行動を変えれば人生はみんなうまくいく
880円 704-1 A

10歳若返る! トウガラシを食べて体をねじるダイエット健康法
松井　薫
美魔女も実践して若返り、血流が大幅に向上!! 脂肪を燃やしながら体の内側から健康になる!!
840円 708-1 B

「絶対ダマされない人」ほどダマされる
多田文明
「こちらは消費生活センターです」「郵便局です」……ウッカリ信じたらあなたもすぐエジキに!
840円 705-1 C

熟成・希少部位・塊焼き **日本の宝・和牛の真髄を食らい尽くす**
千葉祐士
牛と育ち、肉フェス連覇を果たした著者が明かす、和牛の美味しさの本当の基準とランキング
880円 706-1 B

金魚はすごい
吉田信行
かわいくて綺麗なだけが金魚じゃない。金魚が「面白深く分かる本」金魚ってこんなにすごい!
840円 707-1 D

なぜヒラリー・クリントンを大統領にしないのか?
佐藤則男
グローバルパワー低下、内なる分断、ジェンダー対立。NY発、大混戦の米大統領選挙の真相。
880円 709-1 C

ネオ韓方　女性の病気が治るキレイになる「子宮ケア」実践メソッド
キム・ソヒョン
元ミス・コリアの韓方医が「美人長命」習慣を。韓流女優たちの美肌と美スタイルの秘密とは!?
840円 710-1 B

中国経済「1100兆円破綻」の衝撃
近藤大介
7000万人が総額560兆円を失ったと言われる今回の中国株バブル崩壊の実態に迫る!
760円 711-1 C

会社という病
江上　剛
人事、出世、派閥、上司、残業、査定、成果主義……。諸悪の根源=会社の病理を一刀両断!
850円 712-1 C

GDP4%の日本農業は自動車産業を超える
窪田新之助
2025年には、1戸あたり10ヘクタールに!! 超大規模化する農地で、農業は輸出産業になる!
890円 713-1 C

中国が喰いモノにするアフリカを日本が救う　200兆円市場のラストフロンティアで儲ける
ムウェテ・ムルアカ
世界の嫌われ者・中国から〝ラストフロンティア〟を取り戻せ! 日本の成長を約束する本!!
840円 714-1 C

表示価格はすべて本体価格（税別）です。本体価格は変更することがあります

講談社＋α新書

インドと日本は最強コンビ
サンジーヴ・スィンハ
天才コンサルタントが見た、日本企業と人々の「何コレ!?」——日本とインドは最強のコンビ
840円 715-1 C

血液をきれいにして病気を防ぐ、治す 50歳からの食養生
森下敬一
なぜ今、50代、60代で亡くなる人が多いのか? 身体から排毒し健康になる現代の食養生を教示
840円 716-1 B

OTAKU《オタク》エリート 2020年にはアキバ・カルチャーが世界のビジネス常識になる
羽生雄毅
世界で続出するアキバエリート。オックスフォード卒の筋金入りオタクが描く日本文化最強論
750円 717-1 C

男が選ぶオンナたち **愛され女子研究**
おかざきなな
なぜ吹石一恵は選ばれたのか? 1万人を変身させた元芸能プロ社長が解き明かすモテの真実!
840円 718-1 A

阪神タイガース「黒歴史」
平井隆司
伝説の虎番が明かす! お家騒動からダメ虎誕生秘話まで、抱腹絶倒の裏のウラを全部書く!!
840円 719-1 C

ラグビー日本代表を変えた「心の鍛え方」
荒木香織
「五郎丸ポーズ」の生みの親であるメンタルコーチの初著作。強い心を作る技術を伝授する
840円 720-1 A

SNS時代の文章術
野地秩嘉
「文章力ほんとにゼロ」からプロの物書きになった筆者だから書けた「21世紀の文章読本」
840円 721-1 C

ゆがんだ正義感で他人を支配しようとする人
梅谷薫
SNSから隣近所まで、思い込みの正しさで周囲を操ろうと攻撃してくる人の心理と対処法!!
840円 722-1 A

男が働かない、いいじゃないか!
田中俊之
注目の「男性学」第一人者の人気大学教員から若手ビジネスマンへ数々の心安まるアドバイス
840円 723-1 A

爆買い中国人は、なぜうっとうしいのか?
陽陽
「大声で話す」「謝らない」「食べ散らかす」……日本人が眉を顰める中国人気質を解明する!
840円 724-1 C

キリンビール高知支店の奇跡 勝利の法則は現場で拾え!
田村潤
アサヒスーパードライに勝つ! 元営業本部長が実践した逆転を可能にする営業の極意
780円 725-1 C

表示価格はすべて本体価格（税別）です。本体価格は変更することがあります